TERAPEUTA
DE BOLSO

KIT DE SOBREVIVÊNCIA EMOCIONAL

Therese J. Borchard

TERAPEUTA DE BOLSO

Prefácio
RONALD PIES, MD

Tradução
Maria Alice Paes Barretto

Título original
THE POCKET THERAPIST

Da melhor maneira que pude, tive que recriar acontecimentos, locais, pessoas e organizações, a partir das lembranças que tinha deles. Para manter o anonimato de alguns, em certos momentos, tive que mudar o nome de pessoas, lugares e detalhes de acontecimentos.

Copyright © 2010 by Therese Borchard

Todos os direitos reservados. Nenhuma parte desta obra pode ser reproduzida, ou transmitida por qualquer forma ou meio eletrônico ou mecânico, inclusive fotocópia, gravação ou sistema de armazenagem e recuperação de informação, sem a permissão escrita do editor.

Direitos para a língua portuguesa reservados com exclusividade para o Brasil à
EDITORA ROCCO LTDA.
Av. Presidente Wilson, 231 – 8º andar
20030-021 – Rio de Janeiro – RJ
Tel.: (21) 3525-2000 – Fax: (21) 3525-2001
rocco@rocco.com.br / www.rocco.com.br

Printed in Brazil/Impresso no Brasil

preparação de originais
DANIELLE VIDIGAL

CIP-Brasil. Catalogação na fonte.
Sindicato Nacional dos Editores de Livros, RJ.

B723t   Borchard, Therese Johnson
         Terapeuta de bolso: kit de sobrevivência emocional
         /Therese J. Borchard; prefácio de Ronald Pies; tradução
         de Maria Alice Paes Barretto. – Rio de Janeiro: Rocco, 2010.

         Tradução de: The pocket therapist

         ISBN 978-85-325-2611-3

         1. Encorajamento. 2. Motivação (Psicologia).
         3. Estresse (Psicologia). I. Título.

10-5322   CDD-158.1
                                                      CDU-159.947

Para minha terapeuta, claro.
E para Mike Leach, a pessoa mais sábia que conheço.

SUMÁRIO

Prefácio 13
Introdução 17
1 – Conte até quatro 23
2 – Dance na chuva 24
3 – Apareça sempre 25
4 – Desperte para a oração 26
5 – Não desperdice 14 bons dias 27
6 – Enxergue com o coração 28
7 – Troque as fechaduras 29
8 – Convoque uma reunião de diretoria 31
9 – Faça mesmo assim 33
10 – Envie mesmo assim 35
11 – Ame mesmo assim 36
12 – Continue dizendo sim 37
13 – E continue dizendo não 38
14 – Mexa o mingau de aveia 39
15 – Acerte o passo 41
16 – Interprete os sinais 43
17 – Coloque as rodinhas 45
18 – Mantenha as esponjas separadas 47
19 – Faça vista grossa 48
20 – Não vá a uma loja de ferragens para comprar tomates .. 50
21 – Não se irrite, porque você não desaprende isso 51
22 – Agrupe-se! 53
23 – Levante-se oito vezes 55

24 – Viva o tempo certo 56
25 – Pegue a bola de neve (e arremesse-a de volta) 58
26 – Comemore seus erros 60
27 – Suborne-se 62
28 – Seja seletivo, seja sincero 63
29 – Toque o sino 65
30 – Faça boas anotações 66
31 – Perdoe primeiro 67
32 – Prenda a respiração 68
33 – Escolha um mantra 69
34 – Faça um arquivo de autoestima e leia-o 70
35 – Aprenda a falar 72
36 – Desista da acrobacia 73
37 – Não leve para o lado pessoal 74
38 – Entre, não saia 76
39 – Vá direto ao ponto, não fique dando voltas 78
40 – Fique com a solidão 79
41 – Procure um profissional 80
42 – Pense a curto prazo 81
43 – Honre suas neuroses 82
44 – Compre caramelos 84
45 – Desligue 86
46 – Dê uma olhada nos lares alheios 87
47 – Processe fervura e sofrimento como um grão de café 89
48 – Seja seu amigo 90
49 – Faça piada com seus problemas 91
50 – Defenda seu ponto de vista 92
51 – Transpire 94
52 – Tome um bom banho 95
53 – Encontre um conselheiro 96
54 – Faça uma coisa de cada vez 97

55 – Carregue um amuleto 99
56 – Mantenha um ritmo constante 100
57 – Fuja das drogas (legais) 102
58 – Construa uma casa de hóspedes para seus sentimentos 103
59 – Imite uma águia 104
60 – Imagine o pior 105
61 – Negocie aquilo que você quer em um relacionamento 107
62 – Devolva 109
63 – Preveja uma recaída 110
64 – Dê uma garrafa para Amy 111
65 – Faça um fantoche 112
66 – Escolha uma zona de conforto 113
67 – Instrua-se 115
68 – Coloque novos rótulos e substitua velhas fitas 116
69 – Pratique a gratidão 118
70 – Diga Om 119
71 – Preveja as exceções 120
72 – Deixe espaço para casualidades 121
73 – Mantenha um "diário do sucesso" 123
74 – Tenha seus ZZZs 125
75 – Arranje algum tempo livre 127
76 – Detecte as distrações 128
77 – Aja como se 130
78 – Belisque chocolate amargo 131
79 – Estimule seu médium interior 132
80 – Não ouse fazer comparações 133
81 – Encontre alguém com problemas maiores 134
82 – Tenha calma e compre a calça certa 136
83 – Traga o engenheiro 138
84 – Saiba o momento certo 139
85 – Não se deixe motivar pelo medo 141

86 – Livre-se da culpa ruim 143
87 – Fique calmo 145
88 – Puxe a linha 146
89 – Volte a seus sentidos 147
90 – Dê passos de bebê 149
91 – Baseie-se em seus pontos fortes 151
92 – Junte-se aos vencedores 152
93 – Abrace e abrace sempre 154
94 – Saia para se divertir 155
95 – Queixe-se (com a turma certa) 156
96 – Sacrifique-se 157
97 – Desate os laços 158
98 – Não force o processo 160
99 – Ponha alguma cor 161
100 – Não seja uma rã cozida 162
101 – Aprenda o alfabeto 163
102 – Preserve sua força de vontade 164
103 – Agende a obsessão 165
104 – Tire as etiquetas 166
105 – Ame as perguntas 167
106 – Lembre-se da Primeira Grande Verdade 168
107 – Espere um segundo ou três 169
108 – Conhece-te a ti mesmo 170
109 – Recomece 172
110 – Peque ao lado da compaixão 173
111 – Troque "se ao menos" por "da próxima vez" 174
112 – Confie em seus instintos 175
113 – Considere os fatos 176
114 – Mantenha a fé 177
115 – Não confunda intensidade com intimidade 178
116 – Seja legal com o cara da pizza 179

117 – Acolha seu perdedor interior	181
118 – Procure seu lugar seguro	183
119 – Prenda a ansiedade na expectativa irreal	184
120 – Diário	185
121 – Comece a contar de trás para frente	186
122 – Alimente seu cérebro	187
123 – Não se esforce tanto	188
124 – Neutralize suas emoções	189
125 – Feche as mãos e relaxe	190
126 – Planeje	192
127 – Faça o que está à sua frente	194
128 – Arquive o sentimento	195
129 – Conheça o que lhe irrita	197
130 – Seja uma ratazana feliz	198
131 – Pratique, pratique, pratique	199
132 – Tire sua mente da canaleta	201
133 – Não desista cinco minutos antes do milagre	203
134 – Renda-se ao cérebro	205
135 – Agarre-se à esperança	207
136 – Acredite na redenção	209
137 – Ame profundamente	210
138 – Dedique-se a uma causa	211
139 – Escreva uma declaração de objetivo de vida	212
140 – Ame o pecador, odeie o pecado	213
141 – Escolha um herói	214
142 – Preocupe-se com o que é correto	215
143 – Faça um inventário de sua vida	216
144 – Não se esqueça de se divertir	218
Agradecimentos	221

PREFÁCIO

O TALMUD, um grande repositório de sabedoria espiritual, pergunta: "Quem é sábio?" E responde: "Aquele que aprende com todos." Em seu novo livro, *Terapeuta de bolso*, Therese Borchard demonstra ter levado a sério esse ensinamento do Talmud. Como observa na introdução, ela recolheu pérolas de sabedoria não apenas de sua própria jornada terapêutica, mas também do marido, da família, dos amigos e até "... do cara barulhento que, um dia desses, ao mesmo tempo em que comia um cachorro-quente, gritava para os jogadores do time de beisebol."

A seu favor, Therese Borchard não se coloca em uma posição de especialista em tratamento de saúde mental, ou como aquela pessoa que defende que a simples leitura de um livro – não importa se ele seja útil ou profundo – pode servir como um substituto para o aconselhamento e tratamento profissionais. Em vez disso, ao amadurecer e lucrar com sua odisseia terapêutica, a Sra. Borchard presenteia o leitor com seu "arquivo da mente sã" – as "... artimanhas, técnicas e depoimentos confiáveis que usei em minhas sessões de terapia".

Ainda que a Sra. Borchard seja muito modesta para comparar seu trabalho a alguma das grandes tradições espirituais do mundo, muitas de suas estratégias enganosamente simples refletem uma profunda sabedoria espiritual. Por exemplo, quando aconselha: "Você não pode ficar sentada esperando a tempestade passar. Você tem que aprender a dançar na chuva", nos faz lembrar de um lindo ditado do mestre budista Lama Zopa Rinpoche: "Devemos aprender a amar os problemas, como sorvete." Da mesma forma, quando a Sra. Brochard aconselha: "Pegue a bola de neve (e arremesse-a de volta)", ela nos lembra do que o estoico filósofo Sêneca nos ensinou: "Todo problema que venha a atravessar nosso caminho pressiona mais aquele que fugiu de medo e está perdendo terreno."

A Sra. Borchard mostra-se claramente familiarizada com muitos ensinamentos espirituais encontrados tanto nas tradições ocidentais como nas orientais, e faz bom uso deles em seu livro. Mas *Terapeuta de bolso* não é um livro-texto de teologia ou filosofia, nem o lemos como tal. É um livro de honesta sabedoria prática, baseada em autoconhecimento e muita luta. A Sra. Borchard tem um estilo leve, descontraído e quase sempre engraçado, que seduz o leitor desde a primeira página. Ao mesmo tempo, seu autodidatismo pode parecer cruelmente honesto, como na hora em que ela escreve: "... quando se trata de minhas próprias tentativas de disfarçar meu comportamento autodestrutivo em uma rede de mentiras e racionalizações, minha tendência é ficar completamente cega." Muitos leitores que lutam com sua dor emocional saberão ter encontrado um guia poderoso e inteligente em Therese Borchard, como ela mesma escreve:

> ... um dos passos finais para curar nossa criança interior ferida é aprender como lidar com nossa solidão: sem correr dela ou se apressar para fazer alguma atividade como forma de anestésico. Nossa, como isso dói: ficar com a dor de um amor não correspondido, expectativas e anseios. Mesmo assim, deixar que a solidão vá e volte sempre que quiser, exatamente como o cachorro do vizinho fazia quando eu

tinha dez anos, é o passo mais libertador de minha recuperação da depressão e da ansiedade.

De muitas formas, *Terapeuta de bolso* é um tipo de guia de campo para arranjar-se no mundo – um mundo no qual sempre nos deparamos com a crueldade, a decepção e a adversidade. Therese Borchard nos presenteou com um tesouro, uma coleção valiosa de sábias parábolas e profunda percepção, tudo para nos ajudar a lidar com os "arcos e flechas" da vida, e, ao mesmo tempo, ser gentil e bom para conosco e com o próximo. Isso é muito mais do que muitos terapeutas caríssimos podem oferecer!

No Livro de Provérbios (4:7), temos: "A sabedoria é a coisa principal; adquire, pois, a sabedoria, emprega tudo o que possui na aquisição do entendimento." Acredito que o leitor estará muito bem servido ao acompanhar Therese Borchard em sua corajosa busca pela "obtenção de sabedoria".

— RONALD PIES, MD*

---

* Dr. Pies é professor de psiquiatria na SUNY Upstate Medical University, onde dá palestras de bioética e humanidades; ele é, também, professor de psiquiatria clínica na Tufts University School of Medicine e editor-chefe do *Psychiatric Times*. Dr. Pies é autor de *Everything Has Two Handles: The Stoic Guide to the Art of Living*.

INTRODUÇÃO

IMAGINO QUE VOCÊ esteja sem dinheiro algum ou ocupado demais para procurar um terapeuta. Ou que talvez consulte um psiquiatra, mas isso não é o suficiente. Você gostaria de ter um tipo de guia emocional para carregar no bolso, para o caso de alguma coisa ruim realmente acontecer... porque você sabe que vai acontecer... um dia.

Se você balançou a cabeça, deu um sorrisinho, ou suspirou, não precisa mais perder tempo!

Terapeuta de bolso chegou!

Chegou para as pessoas que são um pouco frágeis, como eu, mas muito mais interessantes do que a galera que jamais experimentou a dúvida, o pânico, a ansiedade, a tristeza, a confusão, a insegurança, ou um dia inteiro à base de lenços de papel.

Economizei para você um montão de tempo e *mucho* dinheiro simplesmente organizando todas as *minhas* anotações de terapia em um pequeno livro compacto que você pode carregar no bolso para o caso de encontrar aquela pessoa afetada e grossa que consegue ativar o seu botão TRANFORME-ME EM UMA PESSOA CRUEL.

Sim, exclusivamente por você, fiz uma visita à Arca da Aliança: uma gigantesca caixa de plástico que fica em minha garagem e armazena 15 diários de anotações de mais de 12 anos (ou seja, 600 horas) de terapia, duas pastas cheias de dicas de como-controlar-você-mesmo que aprendi na ala psiquiátrica, e uma gorda pasta de transcrições inspiradoras compiladas em meus 21 anos de idas a praticamente todos os tipos de grupo de apoio que existem neste planeta.

Então, fiquei ainda mais ambiciosa. Pedi a leitores de diferentes websites – Beliefnet.com, Psych Central e The Huffington Post – para me contarem qual foi o ensinamento mais importante que aprenderam na terapia.

Que reação!

Pincei as respostas mais valiosas e as acrescentei à Arca. Adicionei mais algumas pérolas coletadas de outras fontes: meu mentor e mestre hindu, Mike Leach; meu colega da multinacional UPS, Dave; a mulher que me deu à luz e minhas irmãs; minhas sábias amigas Priscilla, Ann, Michelle e Beatriz; meu marido; alguns autores de que gosto; e aquele cara barulhento que, um dia desses, ao mesmo tempo em que comia um cachorro-quente, gritava para os jogadores do time de beisebol.

À medida que estudava cuidadosamente meus rabiscos favoritos e os conselhos dos outros, falei à Arca: "Você é sagrada, mesmo... e está na hora de compartilhá-la."

Por quê?

Tenho um pressentimento de que algumas de minhas pérolas podem lhe servir. Uma ou duas podem até poupá-lo de algum sofrimento. Ao menos você terá consolo ao saber que seus pensamentos distorcidos não são os únicos.

É bem verdade que alguns parágrafos contradizem outros. É o que se espera de uma garota bipolar, certo? A variedade de sacadas e filosofias que compilei consegue abranger uma boa gama de estados de ânimo. Porque, em algumas ocasiões, sanidade significa pegar leve com você – se permitindo chorar durante duas horas enquanto engole a caixa de chocolates Godiva que comprou para seu marido – enquanto, em outros momentos, a recuperação implica tirar seu traseiro preguiçoso da cadeira e correr aqueles sete quilômetros prometidos a seu personal trainer. E uma pequena confissão: não tenho qualquer qualificação como especialista em saúde mental. Não tenho PhD em psicologia, nem sou formada em psiquiatria, ou tenho qualquer experiência como assistente social formada. Entretanto, fiz uma excelente pontuação no DSM-IV, conhecido como o manual dos psiquiatras: fui capaz de acertar a maioria dos diagnósticos incluídos no livro! E por conta da minha grande aptidão para a neurose, tornei-me consideravelmente criativa e talentosa na arte de administrar esta mente atrapalhada.

Este livro é exatamente isso: meu arquivo de sanidade... Todas as artimanhas, técnicas e depoimentos confiáveis que usei em minhas sessões de terapia. Este guia emocionante trabalha a meu favor.

Espero, sinceramente, que ele sirva para você também.

Pelo menos, até sua próxima sessão de terapia.

TERAPEUTA DE BOLSO

1
Conte até quatro

A RESPIRAÇÃO É A BASE do equilíbrio mental porque é a forma pela qual fornecemos o oxigênio necessário a nosso cérebro e a cada órgão vital de nosso corpo para sobrevivermos. Ao respirarmos, também eliminamos as toxinas de nossos sistemas. Existem centenas de técnicas de respiração profunda, mas uma das mais simples e mais eficazes que aprendi na ala psiquiátrica foi o método dos "Quatro Passos":

1. Inspire devagar contando até quatro.
2. Prenda a respiração contando até quatro.
3. Solte o ar lentamente com os lábios franzidos contando até quatro.
4. Descanse contando até quatro (sem respirar).
5. Respire duas vezes.
6. Comece de novo a partir do número 1.

Se você quiser ousar mais, tente esse: coloque a língua no céu da boca exatamente atrás dos dentes da frente. Inspire lentamente pelo nariz contando até cinco. Segure a respiração contando até sete. Depois solte lentamente o ar enquanto conta até oito. Coloque as mãos na barriga para sentir quando ela levanta no momento em que você respira.

2
Dance na chuva

UMA VEZ MINHA MÃE me disse: "Você não pode ficar sentada esperando a tempestade passar. Você tem que aprender a dançar na chuva." A afirmação é especialmente verdadeira quando você está lidando com uma doença crônica, e, nessa categoria, incluo todas as doenças do humor. Se você tiver que esperar até se sentir bem para dar uma volta de bicicleta com sua filha ou ir a um happy hour com suas amigas ou (alguns casais realmente fazem esse tipo de coisa) planejar um jantar tranquilo com seu marido, aí sim, seu álbum de fotografias ficará bem vazio. Todas as vezes em que fico tentada a adiar um evento até conseguir uma química melhor em meu cérebro, tento dançar a Macarena. Ou uma polca. Ou talvez uma valsa.

3

Apareça sempre

MEU TREINADOR DE CORRIDA disse que se eu quisesse correr a maratona tudo o que precisava fazer era aparecer nos treinos. De jogging, não de salto alto. As pessoas que se mantêm sóbrias por muito tempo costumam dizer a mesma coisa: "Continue a aparecer nas reuniões, e você não vai beber."
O sucesso é 99% transpiração, mesmo que eu prefira, algumas vezes, que seja resultado de sorte ou destino, ou alguma coisa irracional. Ai de mim, muitas das maiores conquistas – e perseguir a saúde mental dia sim dia não é um ato de nobreza digno de medalha – são momentos acumulados de bravura e perseverança quase despercebidos. São o alimento de cada dia. Henry Wadsworth Longfellow estava certo: "As altitudes alcançadas e mantidas pelos grandes homens não foram conseguidas num voo repentino. Pois, enquanto seus companheiros dormiam durante a noite, eles estavam labutando para conseguir subir."

4
Desperte para a oração

NÃO ESTOU DIZENDO que alguém tenha que recitar toda a Via Crucis de joelhos ou rezar um terço lá no fundo da igreja acompanhando a multidão madrugadora de velhinhos que já passaram dos oitenta anos. Refiro-me ao processo de "despertar para Deus" citado pelo irmão beneditino David Steindl-Rast, ou ao que Barbara Brown Taylor descreve em seu livro *An Altar in the World*:

> Quando acabo de alimentar os cachorros lá fora e olho para a lua cheia aparecendo através das árvores nuas como se fosse a grande íris do olho de Deus – quando sinto seu raio de luz penetrando diretamente pelo zíper de minha jaqueta de lã em meu coração atarefado e sinto-me cheia de luz – estou rezando.

5
Não desperdice 14 bons dias

UMA GRANDE AMIGA contou-me, certo dia, que durante as duas semanas em que ficou esperando o resultado dos testes que determinariam se ela tinha ou não um linfoma, ela disse para si mesma: "Você aí, não fique se preocupando durante 14 dias, porque se o resultado for negativo, você terá desperdiçado 14 bons dias. E, garota (ainda está me ouvindo???), se o resultado for positivo, também terá desperdiçado 14 bons dias. De ambas as formas, você perde."

6
Enxergue com o coração

UMA DE MINHAS citações favoritas é tirada de *O pequeno príncipe*, de Antoine de Saint-Exupéry: "Só se vê bem com o coração; o essencial é invisível aos olhos." Toda vez que tenho um chilique porque as coisas não aconteceram como eu esperava, ou como as projetei em minhas telas de Excel para o ano de 2020, tenho que lembrar a mim mesma que estou enxergando com o instrumento ou órgão errado. Preciso voltar atrás e dizer a meu coração para ter muita calma e falar com minha cabeça, porque ela está começando a escutar meus olhos de novo.

Por exemplo, quando me embrenho nos detalhes – completamente irritada por ter que me ocupar com embalagens de pipoca, tubos de biscoitos, cinquenta assinaturas da revista *People*, ou seja lá o que for que a escola resolveu empurrar para nós, pais – perco a expressão maravilhada do rosto de meu filho quando ele descobre a mágica do capitalismo: que batendo em 56 portas e pedindo dinheiro, ele ganha, basicamente, um conjunto de ingressos para o jogo de beisebol dos Orioles.

O rabino Harold Kushner escreveu: "Se alguém se concentrar em tirar o que é bom de cada situação, descobrirá que a vida fica, de repente, cheia de gratidão!"

7
Troque as fechaduras

ESSA É uma forma de recuperar o controle:
De seus pensamentos.
De sua mente.
De sua vida.

Em uma folha de papel, desenhe uma figura oval – é um escritório oval – e dentro da figura escreva: "Eu, o ego consciente", porque você é o presidente de Si Mesmo, uma nação atualmente em estado de sítio. Agora, desenhe alguns corredores conectados a esse escritório oval. Por esses corredores circulam outras pessoas e suas opiniões. Frequentemente, elas chegam à porta do escritório oval e entram. As fechaduras das portas dessas passagens estão do lado de fora do escritório, dando às pessoas o controle de quando e quantas vezes elas podem entrar com suas opiniões e crenças.

Você quer inverter essas fechaduras, de forma que só você possa controlar quem (ou o quê) o visita, por quanto tempo e quantas vezes.

Se você estiver em uma posição vulnerável – achando que a culpa de sua depressão é toda sua, e que você é um ser humano patético por não ser capaz de se recuperar por conta própria –, pode querer trancar a passagem para a bibliotecária que usa aquele coque certinho e a blusa fechada no colarinho e que pergunta se você realmente *deseja* melhorar, sugerindo, claro, que você está se dispondo a continuar doente porque está recebendo muita atenção e porque fantasiar sobre a morte é muito divertido. Sim, a bruxa que reduz sua autoestima dizendo que seu sofrimento está todo em sua imaginação pode permanecer por trás de sua porta trancada.

E o sujeito com aquelas rosas de talo comprido? Ele pode entrar e visitá-lo quantas vezes quiser.

8

Convoque uma reunião de diretoria

SUPONHA QUE VOCÊ TENHA uma decisão importante a tomar e seus pensamentos estão desordenados e confusos – assim como fica sua sala de estar depois de ter recebido um grupo de garotos de 15 anos, mal-educados e com TDAH (transtorno do déficit de atenção e hiperatividade). Você está confuso. Não sabe o que fazer.

Imagine-se como presidente de uma das maiores empresas do mundo (SerenetyNow.com?) que acabou de convocar uma reunião de diretoria. Cada voz ou pensamento ou opinião tem oportunidade de defender sua posição perante você. Uma vez ouvidas todas as perspectivas, você pode tomar sua decisão.

Por exemplo, a mulher que não sabe se corre atrás de um emprego que paga melhor, porém é mais desgastante, precisa convocar uma reunião. Ela deve considerar a opinião da pessoa que garante que ela tem baixo limiar para estresse tendo em vista seu último emprego. Ela deve ouvir o homem que diz que sua vida doméstica está uma bagunça e demandando uma atenção extra da parte dela. Deve ouvir também a pessoa que garante que seus hábitos de consumo podem ser um dos fatores dessa equação. Ela precisa até dar ouvidos à sua fantasia-padrão que lhe atira 85 razões para explicar por que ela está com uma baixa performance em seu emprego e, provavelmente, também será um fiasco em qualquer outro trabalho. Então, após processar todas essas opiniões dos membros de sua diretoria, essa executiva toma a decisão final.

Comece a pensar nisso, o procedimento é similar à forma com que os fracos, solitários e perdedores são votados no programa *No Limite*.

9

Faça mesmo assim

TALVEZ PORQUE eu moro a menos de dois quilômetros de distância da Academia Naval dos Estados Unidos, exista dentro do sistema límbico de meu cérebro – o centro emocional do corpo – um instrutor de recrutas que grita ordens da mesma forma que os oficiais da academia.

E isso não é de todo ruim.

Porque, em algumas ocasiões, tudo de que preciso é uma pequena motivação – acrescida, talvez, da ameaça de que algo de ruim esteja para acontecer – para me tirar da rotina de ficar consultando vários médicos diferentes com a finalidade de pesquisar a razão por que tanto hormônio prolactina faz alguém chorar e amamentar (ao mesmo tempo!), descobrir por que meus lábios ganharam um tom quase violeta, pesquisar todos os efeitos colaterais de minha medicação para ver se chego a alguma coisa como "tendência a inchar o rosto e ganhar 10 quilos" ao ler sobre os benefícios da vitamina D e dos ácidos graxos ômega-3, tentando um tipo diferente de recuperação.

Então, aplico à minha saúde as mesmas regras que adoto ao dar minhas voltas ao redor da academia: não parar até que tenha corrido os primeiros dois quilômetros, que sempre são os mais difíceis.

Isso significa que não posso parar de pensar na falência de minha aorta que está com problemas até que tenha marcado uma hora com o melhor cardiologista da minha cidade e pesquisado o regurgitamento da válvula com a insistência e resolução de um aspirante da Marinha estudando para a prova final. Não posso desistir de controlar meu tumor da pituitária – e resignar-me a uma vida de náuseas e vertigens causadas pela medicação – até que tenha consultado pelo menos dez diferentes endocrinologistas para discutir todas as opiniões.

E não posso desistir da sanidade até que tenha encontrado o melhor psiquiatra, terapeuta, e feito uma combinação de ambos; acrescentado alimentação e vitaminas adequadas para minha dieta; cortado a cocaína do café da manhã (brincadeirinha); experimentado uma dúzia e tanto de técnicas de relaxamento e respiração profunda; perdoado todos os meus inimigos (tentado, pelo menos); estudado as mentes das pessoas que amanhecem felizes; e tentado toda sorte de técnicas e ferramentas em meu programa de recuperação.

10
Envie mesmo assim

"FAÇA MESMO ASSIM" também significa "Envie mesmo assim"... Você sabe, aquele manuscrito que temos certeza de ser pior do que as memórias de um engenheiro, a proposta que sabemos que será rejeitada, a carta de apresentação ao editor que sabemos que não dá a mínima para nossa missão de educar seis bilhões de pessoas em saúde mental.

Envie todas essas coisas porque, como escreveu minha heroína Helen Keller, "Evitar o perigo não é mais seguro, em longo prazo, do que se expor totalmente. A vida ou é uma aventura ousada ou não é nada".

Está bom. Vá adiante e ouse.

11
Ame mesmo assim

E FINALMENTE, "FAÇA mesmo assim", quando aplicado a relacionamentos, significa que você precisa apenas se preocupar com o seu lado da amizade, do casamento, ou do jogo de golfe em dupla.

Nos anos 1960, o escritor Kent Keith apresentou os dez princípios, que chamou de Mandamentos Paradoxais. O primeiro diz: "As pessoas são ilógicas, irracionais e centradas em si mesmas. Ame-as mesmo assim." Isso se refere às pessoas abençoadas por um cérebro quimicamente bom, e àquelas que não são.

Então, quando sua mãe parar de fumar e de beber na mesma semana, você não deve cancelar sua viagem de visita a ela, mesmo que esteja muito tentada a cair fora. Arranje, definitivamente, algumas "viagens diárias" (ou saídas estratégicas) durante seu tempo com ela. Talvez deva levar um escudo, como algumas fotos embaraçosas dela que você possa ameaçar colocar no Facebook. Mas você deve amá-la – com síndrome de abstinência e tudo.

12

Continue dizendo sim

ACREDITO QUE o primeiro sim de alguém – o comprometimento inicial para parar de beber, procurar ajuda para curar a depressão, começar uma terapia, ou começar a tomar um laxante – é sempre o mais difícil, e cada sim subsequente fica mais fácil. Mas nunca é totalmente satisfatório. A vida inteira você tem que continuar balançando a cabeça, ou gesticulando de alguma forma que indique uma afirmação, como se estivesse começando um segundo, terceiro ou 697º round.

Porque você nunca está realmente curada.

Mas tudo bem, considerando que você é igual a mim, alguma coisa deve ter dado o clic em seu primeiro sim, e sua vida passou a ter significado próprio – aquele que o médium que você consultou na praia esqueceu de mencionar. Aquele que não foi incluído em suas projeções para o ano de 2087 – um significado sobre o qual o diplomata sueco e místico cristão Dag Hammarskjöld escreveu:

> Não sei Quem – ou o quê – apresentou a questão. Não sei quando foi apresentada. Não me lembro nem de ter respondido. Mas, em algum momento, respondi Sim a Alguém – ou Alguma Coisa – e daquele momento em diante tive certeza de que a existência tinha sentido e que, portanto, minha vida, em processo de autorrendição, tinha uma meta.

13

E continue dizendo não

TÃO IMPORTANTE quanto dizer sim é dizer não. Se você não tem capacidade de pronunciar essa combinação de vogais e consoante, então pratique o parágrafo a seguir várias vezes diante do espelho:

Você sabe, adoraria ajudá-la a produzir a festa de cosméticos da Arbonne, mas meu horário está tão corrido, agora com os jogos de futebol e de hóquei das crianças, e com minha terapia, e aprendendo a ter limites – ensaiando letra por letra como dizer não com diplomacia – que simplesmente não posso me engajar nessa atividade nesse momento. Tenho certeza de que os produtos são de qualidade inigualável... Como os da cesta de cosméticos que comprei na última festa pela pechincha de 300 dólares. Que tal procurar outra pessoa?

14

Mexa o mingau de aveia

EM SEU LIVRO *We: Understanding the Psychology of Romantic Love*, Robert A. Johnson distingue o amor humano do amor romântico. Quando desejamos um romance passional carregado de dopamina (a excitação que você ganha com a cocaína e com a paixão), ficamos sempre cegos ao amor precioso, comprometido, que nos acompanha todos os dias, o amor que "mexe o mingau de aveia". Johnson escreve:

> Mexer o mingau de aveia é um ato de humildade – não de excitação ou arrebatamento. Mas ele simboliza uma ligação que deixa o amor mais real. Representa um desejo de compartilhar a vida humana comum, de encontrar um significado nas coisas simples, não românticas: ganhar a vida, viver no limite do orçamento, despejar o lixo, alimentar o bebê no meio da noite. "Mexer o mingau de aveia" significa encontrar a alma gêmea, o valor, até a beleza nas coisas simples e comuns, sem precisar eternamente de uma encenação cósmica, um entretenimento, ou uma extraordinária intensidade em tudo.

Gosto de ampliar esse conceito. Toda vez que me sinto tentada a escolher um caminho mais intenso ou excitante – seja postando no blog sobre a saúde mental de Britney Spears, o que vai me garantir um bom número de visitantes, mas fará com que me sinta um verme; ou indo a um programa de TV vespertino que poderá ajudar minha carreira, mas prejudicará minha vida doméstica – e me iludo ao pensar que a purpurina vai brilhar para sempre, penso no mingau de aveia.

E volto a mexê-lo.

Como adicta em recuperação, essa é a parte mais difícil de meu tratamento: renunciar ao exagero e continuar no verdadeiro, mas, às vezes, entediante caminho da liberdade e da paz.

15

Acerte o passo

COMO CORREDORA, sei como é importante acertar o passo e manter o ritmo. Costumava correr com um grupo que fazia quase dois quilômetros em oito minutos, na esperança de que a velocidade deles pudesse me pressionar. Resultado? Raras vezes terminei o percurso porque sentia falta de ar, sem mencionar o prejuízo que causava a meu corpo: estiramentos de músculos e danos aos tecidos.

O mesmo acontece no local de trabalho e na vida em geral. Tenho tentado, há três anos, acompanhar outros blogueiros que têm perfis no Twitter, Facebook e MySpace, que sabem como navegar elegantemente nas redes sociais, que conseguem ler duas dúzias de RSSs diariamente e, portanto, podem conectar-se às melhores e mais atuais notícias de saúde do dia, que pertencem às organizações profissionais certas, e que estão a par de ferramentas de busca apropriadas, capazes de aumentar seu número de visitantes.

Mas, após alguns pareceres ruins de meu endocrinologista, cardiologista e psiquiatra (alguns de meus médicos), percebi que simplesmente não sou feita do mesmo material daquelas pessoas. Como alguém muito sensível – tipo de criatura que tem um tique nervoso toda vez que ouve a palavra *Twitter* – preciso, talvez, de três vezes o tempo ocioso de uma pessoa média não-tão-sensível. Muito bate-papo online me intoxica.

Assim, me reescalei para correr meus quase dois quilômetros em dez minutos, no meu lento e às vezes embaraçoso passo. Posso não ganhar o prêmio de melhor site da internet, mas isso vai evitar o esforço de muitos músculos.

16

Interprete os sinais

SABE AQUELES pareceres ruins que mencionei anteriormente, de meu endocrinologista, cardiologista e psiquiatra? Eu os interpreto como sinais. De que não estou fazendo alguma coisa certa, ou me dando o tempo suficiente de intervalo. Aqui estão alguns sinais que percebo regularmente: PARE; DIMINUA O RITMO; PROSSIGA COM CAUTELA OU NÃO PROSSIGA; CUIDE DAS CRIANÇAS, PRINCIPALMENTE DAS SUAS; CUIDADO: PARENTE CRÍTICO À VISTA; PERIGO: ACREDITE NISSO, VOCÊ NÃO QUER IR PARA LÁ; EU DISSE FIQUE DE FORA, VOCÊ ESTÁ SURDO?; MÃE IRRITANTE A BORDO; SE QUISER MAIS ESTRESSE EM SUA VIDA, ENTRE.

O *Wall Street Journal* publicou uma inteligente matéria da colunista de saúde, Melinda Beck, sobre a importância de ouvirmos nosso corpo. Melinda escreveu: "O corpo diz o que está lhe causando dor – desde um aviso óbvio como uma febre seguida de uma infecção a pistas sutis como a perda de cabelo nas extremidades, sinal evidente de uma doença vascular." •

Precisei de MUITO tempo, aproximadamente 15 mil dias, para aprender essa lição tão importante. Agora, não ignoro mais as palpitações de meu coração. Elas significam que preciso relaxar. Se meus dedos, pés e lábios ficam roxos, como costumam ficar em vítimas da doença de Raynaud, tenho que levar em consideração meu nível de estresse. E se tenho um sono interrompido por muitas noites, começo a fazer mudanças em minha rotina diária de forma a não precisar de cinco xícaras de café espresso para me manter acordada.

Além disso, imagino meus órgãos vitais como aqueles bons companheiros que me acompanharão em uma viagem. A cada meia hora, mais ou menos, pergunto a eles (a meu cérebro, coração, fígado): "Tudo bem, amigos? Alguém precisa parar para descansar? Ou então posso descolar alguns livros, um aplicativo no iPhone, alguns blogs e, quem sabe, um programa de rádio?"

Se eles começarem a fazer pirraça como meus filhos, sei que chegou a hora de diminuir o ritmo ou fazer uma pausa para descanso. Ou começar a dar mais atenção aos sinais em minha vida.

17

Coloque as rodinhas

NÃO SEI COMO FUNCIONA com você, mas nunca consegui andar numa bicicleta de duas rodas sem, antes, ficar craque na de quatro rodas. Efetivamente, foi trágico aquele dia em que a fada das rodinhas de treinamento baixou em minha casa e partiu levando minhas duas rodinhas extras. Ainda choro por elas. O que faz com que use um sistema similar quando a tarefa que tenho pela frente se torna muito grande ou absurda.

Tome o sistema criado por Al Gore, a internet. Quando recebo um e-mail, sinto-me tentada a responder imediatamente porque preciso agradar as pessoas ao máximo. *Costumava* parar o que estivesse fazendo para ler e responder os e-mails. Foi quando a tarefa de responder e-mails começou a consumir meus dias. Quando era impossível terminar meus projetos durante as horas de trabalho, ficava até tarde da noite trabalhando, o que causou uma outra série de problemas que serão discutidos.

Decidi experimentar um excelente e útil jogo de rodinhas de treinamento na forma de resposta automatizada. Ela diz o seguinte: "Terei acesso limitado a meu e-mail por um período, portanto, agradeço sua mensagem, mas não posso respondê-la. Obrigada por sua compreensão."

Resultado? Não me senti culpada por não responder, e consegui separar os e-mails importantes daqueles que podia descartar. Deixei a resposta automática por duas semanas, tempo suficiente para que minha mente viciada em agradar pessoas pudesse perceber que elas realmente não se importam se não tiverem uma resposta minha. Claro, elas estão muito ocupadas consigo mesmas.

18

Mantenha as esponjas separadas

OUTRO DIA, meu marido, Eric, me pegou lavando a pia do banheiro com a mesma esponja que eu usava na limpeza do vaso sanitário. Ele tirou a esponja de minha mão e disse: "Nós não fazemos contaminação cruzada nesta casa."

Jamais imaginei que isso tivesse alguma importância, já que usava bactericidas para lavar a esponja. Mas o fato me fez pensar no comentário de um de meus leitores: "As dores deles não são as suas dores." E entendi a profunda filosofia das esponjas.

Quando tento consolar uma amiga que está passando por problemas conjugais, não preciso absorver suas dificuldades e começar a duvidar de meu próprio casamento. Nossos mundos são separados. Assim como não tenho que absorver todos os sofrimentos de meu filho quando ele tem um dia ruim na escola ou quando alguém o feriu no jogo de hóquei. Embora saiba que sempre vou sofrer com o sofrimento de meus filhos – ou quando uma amiga está passando por uma situação difícil no casamento –, posso usar esponjas diferentes. Realmente, é melhor se eu não misturar as bactérias.

19

Faça vista grossa

MINHA FILHA, KATHERINE, é muito hipermetrope. Seus adoráveis óculos de fundo de garrafa corrigem sua visão muito bem para que ela pinte fadas, gargantilhas de contas, e veja *Bob Esponja* na televisão. No entanto, se você lhe tirar os óculos, ela entra em pânico.

Hipermetropia, o termo técnico para a doença de quem é hipermetrope, é a inabilidade para focar objetos que estão perto.

Embora eu não precise usar óculos ou lentes de contato, posso entender perfeitamente esse problema de visão porque tenho muita dificuldade para enxergar as coisas que estão bem diante de meu nariz. Em vez disso, concentro-me em sinais que estão a metros de distância. Assumo um projeto, uma meta, um sonho, e os vejo vinte anos à frente.

Não é surpresa, portanto, que fique esgotada antes mesmo de começar.

Assim, como exercício cognitivo-comportamental, imagino-me usando os óculos de fundo de garrafa de Katherine e tento focar algo que esteja a menos de três metros de mim. Dou alguns passos ao redor da base da montanha que estou tentando escalar, ou tiro um mero pedaço da tarefa que estou tentando efetuar. Como reconhecer e desenrolar *um* dos 2.345 pensamentos distorcidos em minha cabeça, ou tentar *três minutos* contra *três horas* de meditação, ou dizer não apenas a *uma coisa* que não quero fazer, mas acho que devo porque amo demais a palavra *dever*.

Esqueça tudo que está distante, digo para mim mesma, *e focalize nas fadas.*

20

Não vá a uma loja de ferragens para comprar tomates

ACHO que jamais saí furiosa de uma padaria por lá não venderem carne de hambúrguer, ou decepcionada de um açougue por não ter encontrado pepinos.

Mas já fiz exatamente isso com muitos de meus relacionamentos.

Dediquei meu coração muitas e muitas vezes a algum amigo que não nutria por mim aquilo de que eu precisava. Decidi encontrar o amor incondicional em parentes que estavam mais interessados no jogo de golfe do que em responder a meus convites. Dirigia-me continuamente ao poço na esperança de retirar algumas colheradas de água, o suficiente para disfarçar um balde sedento.

"Ame-me, por favor, apenas me ame", era o que eu implorava àquele que era incapaz de retribuir o meu amor.

Agora estou ficando mais esperta. Para um apoio confiável, não escrevo para uma garota que tem prazer em me depreciar. Para me sentir segura e amada, não telefono para meu antigo chefe que me odiava ou para aquele ex-namorado que gostava mais de minhas amigas do que de mim.

Faço o possível para ir à padaria para comprar pão.

21

Não se irrite, porque você não desaprende isso

MINHA TERAPEUTA JURA que ninguém consegue desaprender o que aprende.

E concordo com ela.

Ela diz que, mesmo que se passe um dia, uma semana ou um ano terríveis, em que você fracassa ao elaborar melhores metas pessoais, ou calar o crítico interior, ou ao identificar e substituir antigos procedimentos, você continua sabendo, em seu íntimo, o que é certo. Você não perdeu nada.

Nada.

Gente, isso é confortante nas horas em que sei que meus passos estão caminhando na direção errada, quando me acho incapaz de me envolver na cura, quando me aflijo só de pensar em perder tudo – o conhecimento, a compreensão, a disciplina que tenho procurado em meu passado recente – à medida que meu progresso se inverte.

Ela diz que o progresso está lá, preso em seu corredor neural junto com as instruções sobre como andar de bicicleta, mesmo que a poeira tenha se acumulado na garagem por dez anos ou mais.

Assim, embora possamos nos sentir como se estivéssemos andando em círculos, perdendo a gravidade necessária que nos puxa para a direção certa, estamos apenas aprendendo mais.

Estamos explorando, como disse muito maravilhosamente T. S. Eliot: "Não devemos desistir da investigação, e o final de toda a nossa exploração será chegar aonde começamos e conhecer o lugar pela primeira vez."

22

Agrupe-se!

PODEMOS APRENDER muito com os gansos... Além das técnicas de como sujar a pessoa certa. Você sabia que, ao voar na formação de V, essas criaturas não apenas se movimentam mais rápido como também podem voar por mais tempo e de forma muito mais eficiente do que se estivessem sozinhas? Na verdade, a revoada inteira tem pelo menos 71% mais alcance de voo do que se cada pássaro decidisse voar solitariamente. Porque cada ganso em formação fornece força de sustentação ao que vem atrás.

E quando um ganso fica doente ou se machuca, o grupo de gansos deserta o pobre coitado? Não. Dois dos companheiros saem da formação para ficar com ele até que fique bem o suficiente para voar de novo ou até morrer. Nesse momento, ou eles tentam se juntar ao grupo original ou encontram outra formação.

É muito similar ao sistema de grupo que eu seguia quando era escoteira. Nenhuma de nós tinha permissão para fazer xixi no meio da noite ou escapar para a fogueira sem a parceira. Minhas monitoras não ficaram satisfeitas comigo quando souberam que minha parceira aparentemente se esgueirou da tenda no meio da noite, descendo um morro cheio de árvores, indo parar quase no riacho. Como se eu tivesse alguma coisa a ver com isso.

Agrupar-se é uma atitude útil em muitos níveis.

Primeiro, faz com que você seja responsável. Quando precisa se dirigir a um superior, você diminui a porcentagem de "dar jeitinhos" em 60%, ou algo assim. Principalmente se você gostar de agradar pessoas, como eu. Você quer ser bom e conseguir um prêmio ou um carimbo de inspecionado ou seja lá o que estejam distribuindo, então, certifique-se de que alguém está fazendo tais inspeções.

E também porque os números têm poder, razão pela qual o sistema dos gansos é usado em diferentes atividades hoje em dia: no local de trabalho, para assegurar o controle de qualidade e promover uma moral mais alta; nos grupos de 12 passos, para estimular o apoio e a monitoração; em programas de exercícios, para tirar seu companheiro de corrida da cama naquela manhã cinzenta e fria quando você preferiria acompanhá-lo em um café com pão quentinho.

23

Levante-se oito vezes

CONHEÇO UM maravilhoso provérbio japonês que diz: "Caia sete vezes, levante-se oito." Sempre penso nele quando confronto o desafio número 7.654 do dia, e também no ditado budista que diz: "Se você está na direção certa, tudo o que tem a fazer é continuar caminhando." E finalmente penso em Mary Anne Radmacher, que escreveu: "A coragem nem sempre grita. Às vezes a coragem é uma voz quieta no final do dia que diz: 'Vou tentar de novo amanhã.'"

24

Viva o tempo certo

NAS REUNIÕES DOS GRUPOS DE APOIO, costumo ouvir as pessoas dizendo que "se você mantém um pé no passado e outro no futuro, está se lixando para o presente". Concordo com essa linha de pensamento, mas constantemente me pego vacilando desta forma. Nada que diga respeito a viver o momento ocorre naturalmente.

Meus remorsos se estendem a tudo o que possivelmente possa me fazer sentir culpada – desde infernizar os dias de minha mãe como uma recém-nascida cheia de cólicas, até um segundo atrás, quando um pensamento ruim passou pela minha cabeça no momento em que uma família feliz me acenou de seu iate. Tudo isso é passado. Minha ansiedade e preocupação interminável sobre o que pode vir a acontecer pertencem ao futuro: meus filhos podem gerar bebês cheios de cólicas e me pedir para tomar conta deles, ou podem se casar e se transformar numa irritante família perfeita que acena para estranhos lá de seu iate.

E o presente? Não há muito o que se preocupar com isso, se defino o presente como esse exato segundo: estou sentada em uma cafeteria devorando um biscoito de amêndoas molhado em calda de chocolate quente enquanto ouço *O Holy Night*, de Josh Groban e leio as provas deste livro. Essa é a questão. Eu acho. Assim, estou tentando muito seguir as palavras do budista Thich Nhat Hanh:

Quando você está lavando a louça, o ato de lavar a louça deve ser a coisa mais importante de sua vida. O mesmo acontece quando você está bebendo chá: beber chá deve ser a coisa mais importante de sua vida... Cada ato deve estar pleno de consciência. Cada ato é um rito, uma cerimônia.

25

Pegue a bola de neve
(e arremesse-a de volta)

SEMANAS ATRÁS levei meu filho, David, a um jogo de beisebol da Marinha. Estava no quarto tempo e os militares estavam perdendo, 9 a 2. Um marinheiro levanta-se para bater e fazer um duplo, rouba a base, e, após o golpe seguinte, estava pronto para completar o circuito. Próxima coisa que você deve saber: as bases pegam pesado e, aha!, o batedor completa o circuito.

– Isso, isso mesmo! – grita um dos pais atrás de mim. – Vire o jogo!

– Não é bárbaro que apenas uma corrida possa alterar a energia do jogo? – pergunta outro pai àquele que estava gritando atrás de mim.

Retrocedi meu pensamento a julho do ano anterior, quando não consegui parar de chorar por muitos dias. Eu tinha uma entrevista marcada com uma revista em Nova York e até cogitei cancelá-la. Dei a entrevista da melhor maneira possível, escapando, depois, para a Catedral de Saint Patrick, onde continuei a chorar.

Mas então, naquela mesma noite, saí com alguns amigos e ri muito, como não fazia havia algum tempo – eles contavam piadas de São Pedro, daquelas que você não encontra em nenhum livro católico – e senti o jogo virar. Com aquela risada curadora, sabia que estava melhorando.

Expliquei isso a uma amiga que estava comigo naquela noite, e ela disse:

– Não é o máximo quando conseguimos pegar a bola de neve e atirá-la de volta na direção certa?

Acho que foi o que aconteceu.

Em algum momento, entre lulas e asinhas de frango, peguei minha bola de neve – antes que ela ficasse muito pesada para levantar, antes que precisasse da intervenção de meu médico ou de um ajuste na medicação.

Quando posso – e há muitos momentos em que simplesmente não posso, admito –, tento pegar a bola de neve, cortar minha ansiedade pela raiz, mudar o foco de minha energia, movendo-o do problema para a solução, da enfermidade para a cura, da doença para a sanidade.

26

Comemore seus erros

TUDO BEM, *COMEMORAR* é uma palavra extremamente forte. Então, vamos começar com *aceitar* seus erros. Não estou sugerindo que você fique se gabando deles. Não os cometa de novo, se puder evitá-los. E jamais poste-os em sua página do Facebook.

Mas realmente acredito que cada grande asneira merece um brinde. Ou pelo menos um momento de silêncio e reflexão. Porque quase todas nos ensinam lições preciosas que não podem ser conseguidas com o sucesso.

A vergonha, humilhação e repulsa por si próprio causadas pelos erros são ferramentas que usamos para desenterrar o ouro, como nos mostra a fábula de Victor Parachin em *Eastern Wisdom for Western Minds*. O livro fala sobre dois homens que escalaram uma enorme montanha para conversar com um mestre espiritual renomado. Parachin escreve:

> Reverenciando com humildade, eles fizeram a pergunta que os havia levado ao mestre:
> – Mestre, como nos tornamos sábios?
> O mestre, que estava meditando, não respondeu imediatamente. Finalmente, após uma prolongada pausa, respondeu:
> – Fazendo boas escolhas.
> – Mas, mestre, como fazemos boas escolhas? – perguntaram quase em uníssono.

– Com a experiência.
– E como adquirimos experiência?
– Com as más escolhas – disse o mestre espiritual sorrindo.

Por exemplo, se eu não estivesse medicada com três antipsicóticos ao mesmo tempo, não tivesse revirado os olhos e me atirado em meu prato de cereais no café da manhã, não pensaria em aconselhá-la a entrevistar um psiquiatra como você faz com uma babá, a fazer sua própria pesquisa e nunca, jamais, se curvar a alguém somente porque ele é chamado de "doutor". Na verdade, basta sumir com todos os meus erros e este livro seria resumido a quatro páginas.

Puf! Lá vai meu material.

Como escreveu Leonard Cohen em sua música, *Anthem*, é pela fenda que a luz penetra. Ou, como expressa Anne Lamott, "Em fendas e incertezas consigo captar a luz do pequeno progresso cotidiano."

27

Suborne-se

SEMANA PASSADA, li uma declaração de um pretenso expert em educação infantil que dizia que subornar um filho é exemplo de uma criação irresponsável e ineficiente. Tenho minhas dúvidas se o mesmo homem não é daqueles que ficam sentados em seu pequeno e arrumado escritório engendrando conselhos como esse enquanto sua mulher ou a babá ficam em casa trocando fraldas e distribuindo punições.

Vamos encarar o fato. Suborno é uma das ferramentas mais eficientes para persuadir alguém – seu filho, sua mãe teimosa, seu cachorro, e você mesmo – a fazer alguma coisa.

Meu treinador de corrida usava esse método brilhante para me fazer correr dez quilômetros. Antes de nossa corrida, ele escondia balas por todo o percurso, a cada dois quilômetros. E então me dizia, quando eu cogitava parar:

– Mais um quilômetro e você ganha um doce! Vamos, você consegue!

E como um ratinho tentando localizar um pedaço velho de queijo, eu corria para o doce.

Você quer ter certeza de que fará alguma coisa? Suborne-se durante o percurso: na marca de um quarto, na marca do meio e na marca de três quartos do caminho.

28

Seja seletivo, seja sincero

COSTUMAVA colecionar amigos como colecionava figurinhas de álbuns.

Visite minha página do Facebook e você verá o que quero dizer com isso. Acreditava que pareceria popular e bem-sucedida se tivesse mais do que seiscentos amigos, e então saí clicando como uma louca e ficando amiga dos amigos dos amigos apenas por esse motivo estúpido. Até que me dei conta de que não poderia mais acessar as novidades e os status daqueles que eu realmente gostava porque daria muito trabalho para pescar os detalhes – do tipo "quando ia para o trabalho, hoje, Joe viu que estava com uma espinha!" – dos amigos espinhentos de Adam que não conheço. Preciso fechar minha conta e construir um novo perfil, não tenho como voltar para minhas pessoas queridas desse jeito.

Isso tudo é metafórico, claro, e me fez reler as palavras de Anne Morrow Lindbergh sobre amizade, em seu clássico *Gift from the Sea*:

> Deveria convidar para minha concha apenas aqueles amigos com quem posso ser totalmente honesta. Percebi que estou estocando hipocrisia nas relações humanas. Que alívio! Descobri que a coisa mais cansativa da vida é não ser sincera.

A coisa mais cansativa da vida é não ser sincera. Como sou uma pessoa que tem necessidade de agradar os outros, sei que essa é a causa de boa parte do meu cansaço. A cada dia tento retirar as camadas artificiais que protegem meu coração. Com certeza não cheguei lá ainda, mas já comecei a jornada.

Fora do Facebook, é isso aí!

29

Toque o sino

EM SEU LIVRO *Paz a cada passo*, Thich Nhat Hanh descreve o grande sino do templo de sua aldeia no Vietnã. Quando o sino tocava, todos os aldeões paravam o que estavam fazendo para praticar meditação... Eles viviam aquele momento. O mestre budista escreveu:

> Em Plum Village, a comunidade onde morava na França, toda vez que ouvíamos o sino, nos voltávamos para nós mesmos e desfrutávamos de nossa respiração. No momento em que inspiramos, dizemos, em silêncio: "Ouça, ouça"; e quando expiramos, dizemos: "Esse som maravilhoso leva-me de volta a meu verdadeiro lar."

O equivalente, para mim, é meu chaveiro da Oração da Serenidade.

Ouço-o tilintar exatamente quando preciso ser lembrada da sabedoria da oração. Como no momento em que me atraso dez minutos na hora da entrada de David na escola porque o pequenino esqueceu o lanche e um motorista lerdo na minha frente não me deixa passar. Escuto o barulhinho das chaves no chaveiro e lembro que existem coisas na vida que não posso mudar – elas se encaixam na primeira categoria da oração – e que seria melhor esquecer o irritante veículo que está à minha frente.

30

Faça boas anotações

UMA DAS DEFINIÇÕES DE *insanidade*, e eu a usaria também para *sofrimento*, é fazer a mesma coisa sempre, esperando a cada vez por resultados diferentes.

É fácil detectar esse padrão nas outras pessoas: "David, a fita adesiva não vai consertar o buraco do seu bastão de beisebol"; ou "Jane, dançar valsa em volta da piscina dentro de um biquíni fio dental não vai transformar aquele idiota do seu namorado num cara legal". Mas quando se trata de minhas próprias tentativas de disfarçar meu comportamento autodestrutivo em uma rede de mentiras e racionalizações, minha tendência é ficar completamente cega.

É por isso que, quando estou sofrendo muito, escrevo tudo – assim posso ler para mim mesma exatamente como me senti depois de ter tomado café com uma pessoa que estava mais interessada em meus contatos profissionais do que em minha saúde; ou após uma ligação telefônica daquele parente que adora me tirar do sério; ou após duas semanas em uma dieta maluca, baseada em chocolate e café.

Talvez seja por conta da jornalista que existe em mim, mas a razão para largar um determinado vício, ou desistir de um comportamento que leva à depressão, fica muito mais forte na hora em que se consegue ler a prova fornecida pelo passado.

31

Perdoe primeiro

UM DIA MADRE TERESA disse: "Seja qual for a nossa religião, sabemos que, se realmente desejamos amar, devemos aprender a perdoar antes de qualquer coisa."

Minha melhor amiga, Beatriz, me ensinou a mesma lição 15 anos atrás quando li para ela, em voz alta, no telefone, a carta que queria mandar para meu pai: uma lista de todos os eventos importantes da minha vida em que ele não apareceu e por que isso era errado. Admito que eu tinha boas razões para me sentir ferida e talvez tivesse sido apropriado enviar a carta.

Mas isso não teria me ajudado a amá-lo mais.

– Acho que a carta não servirá para nada além de fazê-lo se sentir mais culpado do que já se sente, o que a afastará ainda mais da vida dele – disse-me a sábia amiga. – Por que você não faz uma lista de todas as coisas que gosta nele? Por que não perdoa os erros do passado? Por que não diz a ele o quanto você o ama e deseja melhorar o relacionamento entre vocês?

Assim fiz.

Disse tudo isso a ele.

E ele chorou como um bebê, abraçou-me de uma forma carinhosa como jamais tinha feito. Também pediu desculpas, com uma sinceridade inegável, por todas as suas escolhas imaturas e egoístas ao longo dos anos. Assim como eu também fiz.

E então tive mais três meses para amá-lo antes que ele morresse.

32

Prenda a respiração

OPRAH WINFREY EXPLICOU, em um discurso em cerimônia no Wellesley College, que foi somente após ter sido rebaixada a âncora de telejornal e jogada no mundo do talk-show que ela descobriu sua verdadeira vocação.

"A primeira vez que entrei no ar com meu primeiro talk-show, em 1978, senti como se estivesse respirando, igualzinho o que se sente com a verdadeira paixão. Isso deveria ser algo muito natural para você."

Senti como se estivesse respirando.

Adoro isso. Porque quando escrevo meu blog, *Beyond Blue*, sinto como se estivesse respirando... Em muitos dias.

Faço das tripas coração e finjo que não existem coisas como erros ou vergonha – que foi feito um *recall* em todas as formas de perfeccionismo – e que todo leitor vai gostar do que tenho a dizer, de forma que não receba nenhum e-mail me xingando.

Simplesmente dou uma respirada profunda e permito-me mergulhar na página.

Pense em um mundo em que todos seguissem os conselhos de Oprah e transformassem seus "fracassos" em oportunidades para encontrar sua verdadeira paixão e vocação – desde que não envolvesse humilhação pública, claro.

33

Escolha um mantra

SEGUNDO A WIKIPÉDIA, *mantra* significa "som, sílaba, palavra, ou grupo de palavras que são consideradas capazes de gerar transformação". A tradição começou na Índia e foi adotada pela maioria das religiões orientais, mas o conceito de palavras que possuem poder criativo também pode ser encontrado no Evangelho de João: "No princípio era o Verbo, e o Verbo fez-se carne."

Tudo o que sei é que repetir uma palavra ou quatro palavras é uma coisa que me acalma. Como o Valium.

Mudo meus mantras de acordo com o quanto estou desesperada. Alguns de meus favoritos são: "Estou bem." "Paz." "Sou suficiente." "Tenho o suficiente." "Ame-os." "Vou melhorar." "Deus, esteja a meu lado." "Livre-me disso." "Alô??? Tem alguém aí em cima? O que você está fazendo, afinal?"

34

Faça um arquivo de autoestima e leia-o

O QUE É UM arquivo de autoestima? A primeira coisa que eu agarraria – ok, depois das crianças – se nossa casa pegar fogo: uma simples pasta de papel-cartão contendo cartas enviadas por pessoas a quem pedi que me contassem por que gostavam de mim, por que se apoiavam em mim ou mesmo me *admiravam*. Porque não sou daquelas pessoas que podem simplesmente se olhar no espelho toda manhã e dizer: "Sou o máximo, sou esperta, e, puxa vida, as pessoas gostam de mim!"

No ano em que minha autoestima afundou como um submarino debaixo d'água, minha terapeuta mandou-me para casa e pediu que eu listasse dez de minhas maiores qualidades como ponto de partida para adquirir alguma autoestima.

Não consegui.

Escrevi "unhas fortes" e "nariz proporcional" e então fiquei sem saber o que mais escrever. Então ela me instruiu a pedir a quatro de meus melhores amigos para listarem dez dos meus pontos fortes.

Meu amigo Mike disse que eu era uma amiga fiel, que tinha um coração enorme, e escrevi isso em minha página. Beatriz disse que admirava a força que tive para me manter sóbria nos anos de faculdade quando todo mundo saía para beber. Michelle disse que eu conseguia fazê-la rir mesmo que eu estivesse desejando tirar minha própria vida.

Coloquei essas cartas numa pasta com uma etiqueta: MEU ARQUIVO DE AUTOESTIMA. Ele cresce todas as vezes em que uma leitora diz que meu blog a ajudou a viver mais um dia ou que meu vídeo cantando fez com que ela desse todas as risadas de que precisava.

Meus críticos dizem que essa é uma técnica estúpida com a qual se adquire uma autoestima superficial. Mas temos que começar de algum lugar na subida para a autoconfiança e para a autoaceitação. E as avaliações dentro de minha cabeça são muito lamentáveis. Assim, as cartas me dão coragem para me jogar no mundo mais um dia e ver o que consigo de volta.

35

Aprenda a falar

A MAIORIA DAS PESSOAS fala sua primeira palavra por volta dos oito meses de idade. Se você fosse filho de um alcoólatra, diria sua primeira palavra difícil por volta dos oitenta anos. Porque todas as vezes em que abriu a boca para mostrar sua opinião, você recebeu ou o tratamento de choque ou de silêncio. Não sei qual eu preferia. Então, minha boca jamais aprendeu realmente a dizer qualquer coisa que não fosse "desculpe" até que milagrosamente aterrissei na terapia.

Acho que poderia chamar minhas sessões semanais de aconselhamento de "terapia da palavra", porque foi lá que aprendi a como articular o trabalho difícil: a sempre-tão-*diplomaticamente* (que não é meu ponto forte) expressar meus sentimentos, preocupações, ressentimentos, opiniões... Tudo que guardei durante a primeira quarta parte da vida.

Hoje sei como usar "declarações Eu" ("Eu lamento que VOCÊ NÃO ESCUTE UMA SÓ PALAVRA DO QUE ESTOU DIZENDO, IDIOTA") e outras ferramentas ensinadas em Comunicação 101 para Pessoas Criadas em Lares Disfuncionais.

36

Desista da acrobacia

ACROBACIA?

Sim.

Como *saltar* para julgamentos, e *pular* para conclusões. Essas coisas acontecem no ar, e o objetivo é se manter no solo, onde você tem provas para suas opiniões e fatos que apoiam o seu julgamento. Porque sem as provas e os fatos, você está lidando com suposições, e sabemos que suposições são os cupins dos relacionamentos.

Elas corroem todo o tecido conectivo que existe entre as pessoas.

"Não faça suposições" é o terceiro acordo do clássico livro de don Miguel Ruiz, *The Four Agreements*. Ele escreveu: "Toda a tristeza e drama que você viveu em sua vida brotaram quando você fez suposições e levou as coisas para o lado pessoal."

Se quiser mais tristeza e drama em sua vida, continue a saltar e a pular. Droga, tente um *duplo twist carpado*. Ou faça o que puder para se manter no solo.

37
Não leve para o lado pessoal

TÃO CRUCIAL QUANTO o terceiro acordo de don Miguel Ruiz é o segundo: "Não leve para o lado pessoal."

Na primeira vez que li essa frase, dei uma gargalhada.

– Cara – disse eu, olhando para a foto dele na quarta capa do livro –, por que você não aconselha uma dieta vegetariana para o resto da vida?

Mas realmente acredito que se você se despir desse tipo de pensamento economiza *muito* sofrimento, sem falar que liberta uma grande quantidade de sua faculdade intelectual.

Gosto de pensar em minhas emoções como se elas fossem o oposto da restituição do imposto de renda: quanto menos reclamo, em melhor situação me coloco. Aí, quando acho que uma amiga está chateada comigo devido à forma com que está agindo – sem retornar minhas ligações, evitando-me na saída da escola ou no treino de futebol, dando-me uma banana – mas sem me ter falado nada, não preciso me preocupar.

Até que ela despeje seu balde de reclamações sobre mim, não tenho que ocupar minha cabecinha neurótica com o que está acontecendo no sistema límbico dela.

E, adivinhe? Mesmo assim, não tenho que reclamar.

Tudo depende somente de mim.

Ruiz escreveu: "Mesmo quando uma situação parece muito pessoal, mesmo que outras pessoas o insultem diretamente, não tem nada a ver com você. O que elas dizem, o que elas fazem, e as opiniões que professam estão de acordo com o que se passa em suas próprias mentes."

Então, quando recebo um e-mail muito grosseiro ou cinquenta outros que dizem algo como, "Seu blog é imbecil. Você é irritante. Seus vídeos enchem o saco", leio o capítulo de Ruiz sobre o segundo acordo e digo para mim mesma: "Seu blog pode ser imbecil, você pode ser irritante e seus vídeos podem encher o saco, mas você tem a palavra final. Não eles."

38

Entre, não saia

TEMOS AQUI UMA pérola de sabedoria que aprendi com o mais espiritual dos sujeitos da terra, meu herói metafísico de várias classes, Mike Leach: você, e somente você, é responsável por sua felicidade.

Ninguém, nenhum lugar ou coisa alguma pode fazer esse trabalho por você.

Lembro-me do quanto fiquei aliviada a primeira vez em que ele me disse isso... Como se meu destino não dependesse de acertar os números da loteria; ou do relacionamento certo; ou da carreira adequada; ou de crescer dentro de um núcleo familiar perfeito em que pais estáveis, legais, reuniriam seus filhos bem ajustados, emocionalmente nutridos, em volta de uma lareira aconchegante para discutir a *Ilíada* e a *Odisseia*, de Homero... Que eu poderia ser feliz mesmo no meio da disfunção.

Oba!

Porque há muito disso onde eu vivo.

Mas a segunda parte desse adágio exige muito suor e um relacionamento afetivo com a porcaria. Porque você tem que cavar fundo, abrir caminho nos compartimentos da sua alma, e conhecer quem está lá. Se ela está lá de pé nua de seios flácidos e o bumbum cheio de celulite – com um vocabulário patético e notas baixas no vestibular – você tem que aceitá-la e amá-la de qualquer jeito.

Lembro-me sempre de "entrar, não sair" pelo menos 67 vezes por dia, porque meu primeiro impulso é sempre o de procurar algo que me faça feliz. É mais fácil recolher do que cavar. Mas, no final do dia, você se senta no meio de um monte de porcaria que acumulou, sentindo-se vazia com mais um trabalho a fazer: desfazer o monte.

39

Vá direto ao ponto, não fique dando voltas

MAIS UMA DICA de navegação para garantir que você não fique perambulando no deserto por quarenta dias como Moisés, já que ele era igual a qualquer outro homem... Tinha medo de perguntar qual a direção que deveria tomar: é quase sempre melhor ir direto ao cerne de uma questão do que ficar ao redor dela.

Porque nenhum atalho fica sem sua cota de elaboração.

Se você não concorda comigo, passe um ano em Chicago. Foi lá que aprendi que é possível consertar todas as ruas ao mesmo tempo, o que era uma droga porque ficava quase impossível chegar ao trabalho no horário certo.

Durante meus dois anos suicidas, minha terapeuta deve ter sacado seu sistema GPS duas ou três vezes durante cada sessão.

– Direto ao ponto, sem dar voltas – ela repetia.

Aprecio a lógica dela, agora que estou do outro lado.

Porque se eu tivesse ficado enrolando em torno de alguns problemas que estavam me rasgando por dentro, então eu teria topado com eles em algum momento no futuro, ou teria sido pega em uma rotatória como Clark Griswold na comédia *Férias frustradas*. Ao encarar a dor intensa, finalmente consegui vir à tona como uma pessoa melhor, pronta para atacar os problemas de frente. E a dor finalmente deixou de ser uma camisa de força para mim.

40

Fique com a solidão

SEGUNDO JOHN Bradshaw, o consagrado autor de *De volta ao lar*, um dos passos finais para curar nossa criança interior ferida é aprender a lidar com nossa solidão: sem correr dela ou se apressar para fazer alguma atividade como forma de anestésico.

Nossa, como isso dói: ficar com a dor de um amor não correspondido, expectativas e anseios. E, mesmo assim, deixar que a solidão vá e volte sempre que quiser, exatamente como o cachorro do vizinho fazia quando eu tinha dez anos, é o passo mais libertador de minha recuperação da depressão e ansiedade.

Leio o seguinte parágrafo de Henri Nouwen, todas as manhãs, como parte de minha meditação diária, porque em suas palavras repousa minha fuga da escravidão:

> Não é fácil ficar com sua solidão. Ficamos tentados a nutrir a dor ou a escapar em fantasias com pessoas (ou lugares, ou coisas) que a levarão embora. Mas quando você consegue instalar sua solidão em um lugar seguro, preservado, você deixa sua dor à disposição da cura divina.

41

Procure um profissional

UM DIA COMETI O ERRO de pedir conselhos matrimoniais a uma mulher que tinha se divorciado quatro vezes. Isso aconteceu até Eric dividir essa importante pérola comigo: "Quando você quer jogar golfe melhor, deve assistir a um vídeo do Tiger Woods e não ao do cara que atira bolas no estacionamento da área de treino. E quando você desejar escrever melhor, não peça dicas às vendedoras de Tupperware. Procure os especialistas."

Agora faço bem melhor do que procurar aquela amiga que jamais tomou um benzodiazepínico para me ajudar a lidar com a ansiedade, ou do que tentar extrair os segredos de como lidar com uma dupla jornada de trabalho de uma mulher que jamais trabalhou fora de casa.

Seja exigente ao escolher a quem vai pedir algum conselho. Exceto em relação a mim, claro.

42

Pense a curto prazo

PENSE A LONGO PRAZO QUANDO você estiver conversando com seu consultor financeiro. Pense a curto prazo quando você estiver se sentindo no inferno. Tudo bem. De alguma forma, reduza de 24 horas para 24 minutos e para 24 segundos – dependendo do quanto você está se sentindo mal – e repita muitas vezes essas quatro palavras: *Isso também vai passar.*

Ao ser dita associada a uma respiração profunda, a frase *Isso também vai passar* é uma das ferramentas mais poderosas para combater a ansiedade. Eu a repito centenas de vezes em cinco minutos. Certamente ela ajuda a ajustar minha respiração a meu peito e meu diafragma. Ela é um lembrete, também, de que nenhuma emoção ou sentimento é permanente, mesmo que eu tente pôr cola em algum. Além disso, tudo nesse nosso mundo é transitório... O que é uma decepção quando os dias são bons, mas uma consolação quando são ruins.

43

Honre suas neuroses

COSTUMAVA TENTAR separar meu cérebro em duas partes: boa (produtiva) e ruim (neurótica). Até me dar conta de que isso era simplesmente impossível, porque a mesma emoção que produz grande parte da dor é exatamente a que me transforma na pessoa compassiva que sou.

A monja budista Pema Chödrön afirma:

> Nossa sabedoria está toda misturada com o que chamamos de neurose. Nosso brilho, nossa essência, nosso tempero, estão todos mesclados com nossa loucura e nosso caos, e, por consequência, não faz bem tentar nos livrar dos chamados aspectos negativos, porque nesse processo também nos livramos de nossas maravilhas essenciais.

Tome como exemplo a personagem Sininho, da Disney.

Ela não gostava de ser uma fadinha mágica que remendava coisas. Então tentou se transformar em uma fadinha da água e carregar gotas de orvalho para grandes teias de aranha. Em vez disso, ela fazia evaporar todas as gotas de orvalho na teia de aranha. Então tentou se transformar em uma fadinha da luz e fornecer luz a todos os vaga-lumes até que, acidentalmente, acendeu seu próprio traseiro. E, então, ela se esforçou para ser uma fadinha dos animais e ajudar os pequenos passarinhos a voar.

Mas, ao fazer isso, ela atraiu um enorme e repugnante falcão que queria comer os pássaros bebês.

A fadinha triste retornou a sua oficina e retomou seu entediante trabalho de remendar coisas, prender tachas e quebrar nozes. Até que, um dia, ela se deparou com uma curiosa coleção de peças de metal. Gradualmente começou a transformá-las em uma caixa de música mágica. E naquele momento ela se sentiu muito feliz por ser uma fadinha mágica que remendava coisas.

Eu?

Sou uma fada obsessiva-compulsiva maníaca-depressiva viciada. Podemos realizar todos os tipos de tarefas excepcionais que as fadas da água, da luz e dos animais não podem. E embora costumasse emburrar a cara para todas as minhas neuroses, hoje posso ver que existem coisas que apenas eu posso fazer. Inclusive, o escritor francês Marcel Proust disse uma vez: "Tudo o que é grande no mundo nasce da neurose." Uau! Boas notícias para mim!

44

Compre caramelos

MINHA TERAPEUTA MANTÉM um grande pote de caramelos sobre a mesinha que fica entre o sofá e sua cadeira. Costumava pegar dois ou três na saída, porque nossas sessões, às vezes, se desenrolavam como se eu tivesse subido o monte Everest, ou queimado, pelo menos, seiscentas calorias.

— Você deve gostar mesmo de caramelos — disse a ela, dia desses, quando me preparava para sair.

— Não, não gosto — ela respondeu. — É por isso que eu os compro. Se comprasse chocolates, aí sim, seria complicado.

Sempre soube que ela era inteligente, a minha terapeuta, mas aquela lógica a colocava lá no alto, ao lado de Albert Einstein e Thomas Edison.

Para mim, comprar caramelos significa evitar pessoas, lugares e coisas que engatilham minha competitividade e temperamento maníaco — especialmente o vício em trabalho e a necessidade de atingir metas enormes. Porque tenho que tentar ficar sem eles, mesmo prendendo a respiração. Depois eu me espatifo. Minha família tem que juntar os cacos, o que me coloca na casa do cachorro. E muitas noites na casa do cachorro levam à depressão e à ansiedade.

Por isso não abro um arquivo importante que recebo todas as manhãs de segunda-feira que contém o número de acessos de meu blog, os meus posts mais populares, os sites que fazem links para o meu, e quais palavras trazem mais acessos. Sei que tudo isso é muito interessante, mas não posso chegar até lá... É uma grande caixa de chocolates.

45

Desligue

EM SEU LIVRO *Finding the Deep River Within*, Abby Seixas cria um nome para o eterno estado de ocupação da América: "a doença das milhares-de-coisas-a-fazer." Aqui estão os sintomas: correria, mais correria, praguejar enquanto está na correria, jamais ter tempo suficiente, perder as chaves do carro, praguejar enquanto tenta encontrar as chaves do carro, ser interrompido enquanto prageuja que perdeu as chaves do carro.

E a maior consequência, em minha opinião, dessa doença?

Pessoas más ficam *piores* e as malucas *ficam mais malucas*. (Encaixo-me, claro, no segundo grupo.)

Então, o que faço com minha doença?

Desligo.

Duas vezes por ano, por pelo menos dez dias.

É como se fosse um retiro silencioso com filhos barulhentos.

Apesar dos gritos ensurdecedores dos pequeninos ao meu redor, a ausência de todo o bate-papo online nesses dias faz maravilhas por minha saúde mental e minha alma. Consigo me encontrar (aí está você!) após ter me procurado durante cinco meses, e estabeleço uma boa conversa sobre meus valores e prioridades, nenhum dos quais diz que devo fazer 5.987 coisas em duas horas para ser aceita e amada. Eventualmente, até saio de minha sessão de desligamento com um humor delicioso. Isto é, antes de ver os 2.837 e-mails que preciso responder.

46

Dê uma olhada nos lares alheios

EU ACREDITAVA que o mundo compreendesse dois grupos de pessoas: as doentes mentais e as normais. Esse tipo de pensamento – de "nós" contra "eles" – contribuiu para uma atitude embotada, amarga, ressentida em relação à minha doença.

Por que isso aconteceu comigo? Lamentava, sempre.

Até que um dia minha venda caiu dos olhos e comecei a enxergar todos os tipos diferentes de problemas na vida das pessoas que conviviam comigo: a amiga que foi acordar seu bebê depois de uma soneca e o encontrou morto no berço, uma daquelas raras estatísticas de Síndrome de Morte Súbita Infantil; o colega que criava dois filhos com necessidades especiais que jamais serão capazes de cuidar de si próprios ou de ser independentes; o número incontável de mães que perderam seus filhos na guerra do Iraque.

Quanto mais situações consigo compilar e quanto mais médicos adiciono a meu livro de endereços, mais capaz me sinto de reconhecer o sofrimento na vida de todos. Ninguém é imune, mesmo que muitos finjam que são. É como diz o budista americano Lama Surya Das em seu livro *De agora em diante, uma pessoa diferente*:

> Um dia o Buda se aproximou de uma mãe que chorava a perda do filho pequeno que acabara de morrer. Ela lhe

implorou que fizesse um milagre: pediu que ele recuperasse a vida da criança. O Buda ouviu a mulher enlutada e finalmente disse que seria capaz de fazer o que lhe estava pedindo se ela conseguisse trazer uma semente de mostarda de um lar que jamais tivesse perdido alguém para a morte. A mãe viajou para todos os cantos, dia após dia, tentando encontrar tal lar, e, claro, não conseguiu. Finalmente, ela voltou ao Buda e disse que tinha entendido que a morte visita a todos. Era uma realidade que precisava aceitar. E nessa aceitação, ela encontrou força e consolo.

47

Processe fervura e sofrimento como um grão de café

HÁ UMA HISTÓRIA que diz o seguinte: um dia uma jovem mulher estava se queixando com o pai sobre como a vida era dura. Ela estava cansada de lutar e brigar. Isso lhe soa familiar, não?

O homem era um chef, então ele pegou três panelas e colocou água para ferver em cada uma delas. Na primeira, jogou uma cenoura; na segunda, um ovo; e na terceira, alguns grãos de café. Depois de vinte minutos, desligou o fogo. Então explicou como os três elementos reagiram à fervura. A cenoura ficou inteira, mas amoleceu na água fervente. O ovo endureceu por dentro. E os grãos de café, bem, eles modificaram a água.

– Quando você se defronta com a adversidade, qual deles você quer ser? – perguntou à filha. – A cenoura, que começou bem forte, mas definhou com a fervura? O ovo, que ficou duro e amargo? Ou o grão de café, que transformou a água fervente em algo útil, saboroso, e até bonito?

48

Seja seu amigo

VOCÊ JÁ IMAGINOU por quanto tempo seus amigos permaneceriam a seu lado se você falasse com eles da mesma forma com que grita consigo mesma?

Minha terapeuta me faz encarar essa dicotomia praticamente em todas as sessões.

– O que você diria a uma amiga que estivesse em seu lugar? – ela me pergunta.

– Diria a ela para ser gentil consigo mesma, para tomar um pote de sorvete e passar três horas vendo Oprah, se isso lhe fizesse se sentir melhor.

Claro que não preciso ir tão longe – especialmente se não quiser pesar 100 quilos – para fazer um exercício de ternura comigo mesma. Na maioria das vezes, tudo o que tenho a fazer é colocar de lado o chicote e, no lugar dele, construir para mim um círculo de afeição.

49

Faça piada com seus problemas

ACREDITO QUE RITA Mae Brown teve uma atitude correta quando escreveu que "As estatísticas de sanidade apontam que um entre quatro americanos sofre de alguma forma de doença mental. Pense em três de seus melhores amigos. Se eles estão bem, então você é quem está doente." Ela tenta se divertir um pouco com um assunto sério.

Nós também deveríamos tentar.

Porque a risada alivia o estresse, reduz a dor, estimula o sistema imunológico e ajuda a combater viroses e células estranhas. Além disso, cultiva o otimismo, aquela atitude radiante e às vezes irritante de vida que pode fazer maravilhas para seu humor, protegendo-lhe de negatividade, medo e pânico.

Mas qual é a razão mais importante para se rir?

É a diversão.

E, com certeza, ela derrota o choro, embora muita gente não consiga estabelecer a diferença.

50

Defenda seu ponto de vista

EM RECENTE TEXTO do *New York Times*, o escritor Benedict Carey se refere às lágrimas como "suor emocional". Sendo uma chorona que sua muito, a afirmação para mim faz um sentido perfeito. Mas não me envergonho de chorar, porque as lágrimas curam das mais variadas formas.

Primeiro, elas removem toxinas do nosso corpo. Lágrimas emocionais (aquelas provenientes da angústia ou tristeza) contêm mais subprodutos tóxicos do que lágrimas de irritação, aquelas que se formam quando você está descascando cebolas, indicando que chorar é, seguramente, o caminho natural de limpeza do coração e da mente.

Segundo, as lágrimas melhoram o humor. Chorar diminui o nível de manganês no organismo; e quanto mais baixo, melhor, porque a superexposição ao manganês (o que quer que isso seja) causa ansiedade, nervosismo, irritabilidade, fadiga, agressividade, e o resto do que ocorre em seu cérebro quando você ou sua esposa estão de mau humor.

Finalmente, chorar é catártico.

Você já sentiu o mesmo alívio que eu depois de um bom soluço, não é?

É como se seu corpo tivesse acumulado mágoas, ressentimentos e medos durante um ano, um mês, uma semana ou meio segundo... Até seu sistema límbico ficar sem espaço e então, como um vulcão, lançar lavas por todos os lados... Inclusive em sua blusa, ou na camisa de um amigo, ou no lenço de papel, se você tiver a sorte de conseguir pegar um.

Isso é bom! Porque os sistemas cardiovascular e nervoso funcionam mais suavemente após alguma transpiração emocional.

51

Transpire

LIBERAR QUASE LITERALMENTE seu estresse – correndo, nadando, caminhando ou lutando boxe – vai lhe dar um conforto imediato.

Em um nível psicológico.

Porque o exercício aumenta a atividade da serotonina e/ou noradrenalina e estimula a química cerebral que promove o crescimento das células nervosas. Na verdade, alguns estudos recentes dão a entender que exercícios regulares podem ser tão eficientes para melhorar o humor quanto antidepressivos.

E emocionalmente.

Porque ao usar uma roupa de ginástica estilosa e um tênis nos transformamos no sargento com o apito, cuidando de nossa saúde e dando ordens a nosso corpo e mente – mesmo se nosso sistema límbico, estômago e coxas estiverem em péssimas condições e nos amaldiçoarem por forçá-los a se movimentar ou ficar alerta.

Você não precisa estar treinando para uma maratona para sentir os efeitos antidepressivos do exercício. Até mesmo colher flores ou molhar as plantas podem ser bons exercícios para melhorar o humor. No entanto, descobri que a luta de boxe é realmente eficiente porque você pode visualizar o sujeito responsável por sua dor e dar um golpe na cara dele.

E aí, isso não te parece bom?

52

Tome um bom banho

ESTE CONSELHO NÃO se aplica somente àquelas pessoas depressivas e ansiosas cujos terapeutas lhes disseram que elas fedem, você sabe, assim como minha terapeuta fez alguns anos atrás. Mas também àquelas que precisam enganar seus cérebros, fazendo-os acreditar que elas se sentem ótimas!

Cuidar de si mesmo – começando por lavar seu corpo e seus cabelos – em geral é algo que se faz automaticamente quando você está se sentindo bem. Mas não o é quando você se levanta da cama sentindo que acabou de disputar um triatlo aos 85 anos de idade. Mas seu primeiro esforço – colocar o pé esquerdo no chão ao lado da cama e, em seguida, o direito – pode virar o jogo para o resultado certo, de forma que seu cérebro comece a seguir seu corpo rumo à boa saúde.

Então, tomar um bom banho e esfregar as axilas é uma maneira de "simular até conseguir fazer de verdade", e, por experiência própria, sei que após simular serenidade e sanidade por umas 24 horas, seu sistema límbico começa a relaxar.

Até o próximo banho... Que será... Um dia depois?

53

Encontre um conselheiro

DE QUE FORMA VOCÊ GOSTARIA de reduzir seus erros pela metade?

Basta encontrar um conselheiro.

Não um conselheiro padrão ou um consultor profissional – embora nenhum deles possa fazer mal. O que você quer é uma pessoa que seja capaz de, nas palavras do autor J.R. Parrish, "agir como um filtro para ajudá-lo a evitar erros caros e guiá-lo pelas águas perigosas da vida". Ou, como explica o escritor espiritual Henri Nouwen, "ficar lembrando onde o seu mais profundo desejo é satisfeito... (porque) Você não confia em seu próprio entendimento."

A primeira tarefa de meu conselheiro é lembrar-me de que sou amada pelo que sou. Não preciso realizar nenhuma grande proeza, ganhar o Prêmio Pulitzer, ou ser a blogueira mais popular da internet para ser amada e aceita. Tudo o que tenho a fazer é dar umas boas respiradas e ser meu eu neurótico. Assim, como você pode imaginar – dadas todas as minhas inseguranças – meu conselheiro é uma pessoa muito ocupada!

54

Faça uma coisa de cada vez

EU ENTENDO que, em nossa cultura da pressa, temos necessidade de fazer várias coisas ao mesmo tempo. Mas será que precisamos mesmo fazer o jantar ao mesmo tempo em que falamos com nossa mãe, ajudamos no dever de casa dos filhos e checamos nossos e-mails? Se, no passado, você foi uma excelente garçonete, daquelas que conseguiam memorizar todos os pedidos de uma dúzia de mesas diferentes enquanto as mantinha entretidas com comentários inteligentes sobre o peixe do dia, talvez você ainda consiga fazer malabarismos com várias coisas ao mesmo tempo.

Eu? Tenho dificuldades para beliscar amendoim enquanto faço o macarrão com queijo. Sério. Por duas vezes, enquanto preparava esse prato, me distraí e derramei o pacote de queijo direto na água fervente. (Não é essa a ordem correta.)

Sendo uma mãe que trabalha em casa e com diferentes projetos, sempre pensei que seria impossível me focar em uma tarefa de cada vez, até que me submeti a algumas regras simples: meu computador fica desligado quando não estou trabalhando, e também durante a noite e nos finais de semana. Meu cérebro gostou muito das novas regras domésticas e realmente começou a relaxar um pouco.

Não me importo com o que os anúncios do iPhone dizem, não preciso estar em contato com todo o mundo o tempo inteiro. A multiplicidade de tarefas é extremamente estressante para mim.

Então, se você acredita que tem uma química frágil como eu tenho, desligue o seu CrackBerry e concentre-se no macarrão. Antes que você derrame o pacote de queijo na água fervendo.

55

Carregue um amuleto

TODOS PRECISAM de um amuleto.

Tudo bem, nem todos.

Adictos mentalmente doentes em recuperação, como eu, precisam de um pequeno amuleto, um objeto seguro para agarrar quando ficam com medo ou têm uma recaída. Preciso de lembretes – especificamente, 234 deles – para relembrar meus objetivos, promessas e orações em que fiz pedidos ou apenas recitei, pela manhã no café. E já que tatuagens são muito caras e, bem, permanentes, fico com as joias, medalhas e miçangas que posso carregar comigo.

Especificamente uma medalha de Santa Teresa que coloco em minha bolsa ou no bolso.

A medalha me consola. Faz-me lembrar de que as coisas mais importantes às vezes são invisíveis aos olhos: como a fé, a esperança e o amor. Então, quando duvido de toda a bondade do mundo – e acuso Deus por ter feito um péssimo trabalho de criação –, tudo o que tenho a fazer é fechar os olhos e apertar a medalha.

# 56

Mantenha um ritmo constante

NÃO ESTOU FALANDO de rap, ou de seu ritmo quando toca bateria. Estou me referindo ao seu ritmo circadiano, o relógio biológico interno que governa a flutuação da temperatura do corpo e a secreção de vários hormônios, incluindo aquele maldito, o cortisol.

Aqui está a forma de estabelecer um bom ritmo, o que ajuda toda essa coisa de sanidade: vivendo uma vida chata.

Ou coisa parecida.

Você tem que dormir na mesma hora todas as noites e levantar no mesmo horário. De preferência, com a mesma pessoa. Você não pode manter amizade com australianos; se o fizer, não poderá visitá-los. Porque uma viagem, em geral, e especificamente para locais de diferentes fusos horários, irá acabar com seu ritmo circadiano. Nos meses do outono e do inverno, encaro minha HappyLite (um simulador de luz solar) durante uma hora por dia porque, como criatura frágil que sou, meu cérebro chora pela luz que o sol irradia na primavera e verão.

Pessoas que sofrem de depressão sazonal e distúrbio bipolar precisam ser especialmente cuidadosas para se prevenirem contra perturbações em seu ciclo circadiano, de forma a conseguirem manter seus amigos e trabalhos.

Alterações em longo prazo podem, de fato, trazer danos enormes, como mexer com os órgãos periféricos do cérebro e contribuir para o agravamento de um distúrbio cardiovascular. A alteração crônica do ciclo circadiano pode também suprimir a produção de melatonina, o que, já foi provado, aumenta o risco de câncer.

Assim, sugiro que compre um despertador e uma lanterna agora mesmo.

57
Fuja das drogas (legais)

AQUI ESTÁ A ARMADILHA: Quanto mais estressado você fica, mais deseja café com biscoitos, pizza com Coca-Cola. Mas quanto mais Confeitaria Colombo, Armazém do Café e Domino's Pizza você colocar em seu sistema, mais estressado vai ficar. Porque quando você está estressado, seu corpo fica com baixos níveis de serotonina, o que leva seu cérebro a produzir desejo por açúcar e carboidratos, preparando seu sistema de beta-endorfina para pedir mais e mais.

O mesmo ocorre com a cafeína.

É uma droga poderosa que afeta um sem-número de neurotransmissores no cérebro, o que significa que ela produz síndromes de abstinência que podem deixá-lo muito muito muito muito irritável.

58

Construa uma casa de hóspedes para seus sentimentos

"SER HUMANO é uma casa de hóspedes", escreveu o poeta sufi do século XIII, Rumi. "Toda manhã é uma nova chegada, uma alegria, uma depressão, um significado... Dê as boas-vindas e hospede todos eles!"

Adoro isso.

Porque você sempre pode expulsá-los!

Digamos que os sentimentos são como quaisquer outros visitantes que, como o peixe, deixam cheiro por três dias. Você os saúda, oferece uma tábua de queijos, aprende uma ou duas coisas com eles – como, por exemplo, de qual zona do cérebro eles vêm... da região das feridas infantis, das cercanias obsessivas-compulsivas, ou do distrito da paranoia – e então, depois de uma ou duas noites, você pede que eles peguem a estrada.

É vencer ou vencer.

59
Imite uma águia

POR QUÊ?

Uma águia sabe quando uma tempestade está se aproximando muito antes de ela começar. A águia voa para um lugar bem alto e espera os ventos chegarem. Então, quando a tempestade começa, ela ajeita as asas de forma que o vento consiga erguê-la acima da tormenta. Enquanto a ventania retumba abaixo, a águia fica planando acima. Ela não foge da tempestade. Apenas usa os ventos fortes para elevá-la a um lugar mais alto.

60

Imagine o pior

SEI QUE DIZER ISSO parece errado – é como produzir mais ansiedade. Mas imaginar o pior pode realmente aliviar o medo.

Por exemplo, quando fui hospitalizada pela segunda vez por causa de uma depressão grave, fiquei petrificada só de pensar que jamais seria capaz de trabalhar de novo, de escrever de novo, de dar alguma contribuição à sociedade. Estava literalmente tremendo de medo com essa ansiedade, estava muito amedrontada com tudo o que a doença poderia causar em mim.

Chamei meu amigo Mike e contei a ele todos os meus medos.
– Aham – ele disse. – E daí?
– O que você quer dizer com "E daí?" Minha vida como era antigamente pode ter acabado – expliquei.
– Sim, e daí? – ele perguntou. – Você não pode escrever. Grande coisa. Você não pode trabalhar. Grande coisa. Você tem uma família que ama você e aceita você. Você tem Vickie e eu, e nós amamos e aceitamos você. Fique em casa e assista ao programa da Oprah o dia inteiro. Não importa. Você ainda terá pessoas a seu redor que a amam.

Sabe de uma coisa?
Ele estava certo.

Dei um mergulho dentro da minha mente... fui até o pior cenário de caso perdido: eu, totalmente inválida, sendo hospitalizada algumas vezes por ano, incapaz de fazer tudo o que fazia antes.

E ali estava eu. Ainda de pé. Ou deitada na cama.

Claro, a vida seria diferente. Minha família enfrentaria desafios. Eric poderia ter um ataque de nervos e ter que se juntar a mim no bingo da sala comunitária. Meus filhos poderiam ficar imaginando por que a mãe sempre desaparecia por alguns meses e não conseguia acompanhá-los em suas viagens. Mas estaríamos, todos, levando uma vida plena. Uma vida diferente, sim, mas uma vida. E tudo bem.

Realmente, tudo bem.

61

Negocie aquilo que você quer em um relacionamento

MIKE SEMPRE ME LEMBRA de que o casamento é um compromisso entre dois doadores. Ele e sua mulher, Vickie, seguem uma regra que estabelece que aquele que ficar mais sentido com alguma coisa – escapar do jantar com os esnobes do clube, viajar para o sul para visitar os parentes provincianos – deve tomar o seu rumo. Ele me aconselhou a tentar essa prática em meu próprio relacionamento.

Assim, quando a América decidiu que não mais precisaria ou poderia arcar com a construção e reforma de casas – quando o mercado imobiliário foi oficialmente jogado na descarga do banheiro com o resto da economia e praticamente todos os arquitetos ficaram sem emprego –, Eric e eu paramos para analisar nosso orçamento e cortamos muitos itens "desejados, mas não necessários".

A casa, para Eric, não era negociável. Seu estilo de vida requer o espaço de uma casa de três quartos, ao passo que eu poderia morar em um closet cheio de porcarias... Desde que houvesse espaço e uma tomada para minha HappyLite. Por outro lado, colocar nossos filhos na escola St. Mary estava no topo de minha lista, porque eu desejava que eles recebessem alguma forma de educação religiosa que viesse de outra fonte que não fosse eu mesma, para que não associassem as coisas espirituais à "maluquice".

Então, seguindo os conselhos de Mike, toda vez que nos deparávamos com uma situação como aquela do nosso orçamento, fazia uma pergunta simples: "O que é mais importante para você?" E, desde que eu não esteja em meus dias de TPM, esse sistema parece funcionar.

62

Devolva

CERTA VEZ, GANDHI escreveu que "a melhor forma de encontrar a si mesmo é se perder a serviço dos outros". Psicólogos positivos como Martin Seligman, da University of Pennsylvania, e Dan Baker, PhD, diretor da Life Enhancement Program de Canyon Ranch, acreditam que um senso de propósito – comprometer-se com uma missão nobre – e atos de altruísmo são fortes antídotos contra a depressão.

Quando estou me sentindo muito mal, o único antídoto garantido para meu sofrimento é colocar todos os meus sentimentos em uma caixa, ordená-los e então tentar encontrar uma utilidade para eles. Porque quando você volta sua atenção para outra pessoa – especialmente alguém que esteja tendo que lidar com o mesmo tipo de dor –, você esquece sua própria dor por alguns segundos.

E, vamos combinar, há dias em que isso funciona como um milagre.

63

Preveja uma recaída

O CAMINHO PARA a saúde mental é um processo *irregular*. Para cada dois passos adiante, você dá um passo e meio para trás. Mas se você souber disso antes de começar a caminhar, ficará menos tentado a cruzar os braços diante da primeira recaída e dizer "que vá para o inferno"!

Meu psiquiatra teve que me lembrar dessa lição durante todas as sessões de um ano inteiro até que eu chegasse a um ponto de estabilidade.

Em determinada semana podia me dirigir alegremente para seu consultório – cheia de alegria por estar trabalhando de novo e rindo com meus filhos – e então, bum! Sentia-me como se estivesse tão deprimida e ansiosa quanto estava na época da ala psiquiátrica.

Não estava.

Era assim desde que isso aconteceu após duas semanas de bem-estar, da mesma forma que alguém se sente quando se tem verão em julho e inverno em janeiro.

Em certa sessão, Dr. Smith desenhou uma linha em ziguezague para ilustrar o típico caminho da recuperação e me ajudar a compreender que eu não estava dirigindo ao contrário, estava apenas me adaptando ao cargo de motorista; e recuperar-se de uma depressão severa, ou fazer qualquer progresso na direção da boa saúde, não é, nunca, algo perfeitamente simétrico.

64

Dê uma garrafa para Amy

HOJE SEI a quem devo xingar por meus sentimentos de pânico e ansiedade... Amy.

É tudo culpa dela.

É assim que chamo minha amídala, o grupo delinquente de neurônios do sistema límbico considerado pela maioria dos neurobiologistas como o *centro do medo* do corpo humano – igual ao "centro de boas-vindas" de um campus universitário, exceto pelo fato de que em vez de fornecer lustrosas brochuras, Amy distribui ataques de pânico.

Esse grupo de neurônios em forma de amêndoa é responsável por nos fazer agir como macacos, aquelas criaturas cabeludas das quais evoluímos... Ou, pelo menos, muitos de nós. Toda vez que você começar a sentir a adrenalina – talvez, por exemplo, quando você abre seu e-mail para encontrar uma centena de mensagens e entre elas uma solicitação de amizade no Facebook vinda daquele ex-namorado que esmagou seu coração como um macaco cabeludo e indiferente – anteveja os neurônios amendoados, a pirralha Amy, e aqueça uma garrafa de leite para ela.

– Ahaaaa, aí está você. Bem melhor.

65

Faça um fantoche

AQUI ESTÁ MAIS um exercício para ajudá-lo a responder ao coro de críticas que pode estar lhe rondando e cantando músicas em sua cabeça. Músicas tristes. Músicas significativas. Músicas críticas, como "Você não é bom. Você não é bom. Você não é bom. Querido, você não é bom." (Obrigada, Linda Ronstadt.)

Para essa autocrítica que me persegue o dia inteiro como um chefe que procura defeitos e falhas, fiz um fantoche.

Sim, um fantoche.

Simplesmente cortei uma foto e colei-a em um saco de papel pardo. E agora, toda vez que o crítico interior começa a cantar "Você é uma total idiota", ou "Isso é um dever de casa de jardim de infância e você não consegue fazê-lo?", pego o fantoche, coloco-o em minha mão e ralho com ele: – Já recebi críticas suficientes por hoje! Chega, você aí!

66

Escolha uma zona de conforto

ENTRE quatro e meia e seis da tarde e/ou toda vez que me sento na cadeira de balanço que Eric me deu de presente quando dei à luz nosso primeiro filho, não é permitido que eu me afronte.
Rien.
Nothing.
Nada.
Essa é a hora do dia em que todo o açúcar refinado e o corante vermelho dos bolinhos de Super-Homem – servidos em uma das festas de aniversário na escola de meus filhos – começam a fazer de minha vida um verdadeiro inferno. Quando observo meus espirituosos monstrinhos atirarem pipoca e bolinhas, da cozinha para a sala, e ficarem brincando de esconde-esconde debaixo da mesa de vidro, não culpo o açúcar e o corante vermelho. Não, seria muito simples e lógico. Eu condeno a mim mesma pela bagunça que invadiu nossa casa. E a dos vizinhos. E a de seus parentes.

No entanto, se estiver em minha zona de conforto, fico protegida daquela voz que diz que eu sou a culpada por tudo, e não os produtos de corante vermelho, ou seja lá quem for que tiver servido enormes quantidades de açúcar refinado aos pequenos. E não consigo ouvir aquela crítica interior que fica pronta para me inscrever como a próxima mãe patética de um novo episódio do programa *SuperNanny* só porque nasci sem o gene da maternidade. Não, posso correr para minha zona de conforto e dizer: "Aqui e agora, juro que não fui eu quem fez os bolinhos de Super-Homem responsáveis por esse bizarro comportamento que está acontecendo neste exato momento. Portanto, ajude-me, Senhor."

Assim, naquele instante, fico oficialmente livre.

67

Instrua-se

TENHO NOTADO que em minha vida existe uma relação direta entre educação e preocupação. Isto é, quanto mais aprendo a respeito de alguma coisa, menos me preocupo com ela.

Por exemplo, na semana em que o cardiologista disse que o rompimento da válvula da aorta estava deixando vazar fluido (regurgitação) e o endocrinologista informou que o tumor da pituitária havia crescido 30%, senti um verdadeiro pânico: reuni todos os amigos e familiares e lhes contei que estava morrendo, de modo que se tivessem uma última palavra para me dizer era melhor que começassem a falar logo.

Uma amiga correu para me informar melhor sobre ambas as condições de saúde – exatamente como eu havia feito com meu transtorno bipolar – e o resultado foi surpreendente: esfriei um pouco a cabeça e removi a resposta automática do meu e-mail, que dizia: "No lugar das flores do funeral, faça uma doação a meu pobre marido."

Quanto mais eu lia sobre sistema endócrino, tumor da pituitária e regurgitação da válvula aórtica, mais fortalecida ficava para procurar melhores médicos, tratamentos alternativos e soluções criativas... Para colocar a saúde de volta em minhas mãos outra vez, o que, sucessivamente, baixou o nível de minha ansiedade em cerca de 80%.

68

Coloque novos rótulos e substitua velhas fitas

EM SEU LIVRO *Cutting Loose*, Howard Halpern explica que todos nós guardamos fitas de vídeo das experiências de nossa infância e sentimentos gravados nas células de nossos cérebros. Essas inseguranças e inadequações – basicamente as DORES DA INFÂNCIA – são sempre repassadas no presente. Se temos conhecimento de que as imagens dessas fitas estão se repetindo, podemos impedi-las de fazer mais estragos. *E* se conseguirmos rotulá-las corretamente, igual ao que fazemos com nossos filmes da Disney, teremos certeza de que não cometeremos aqueles erros de novo – ou na mesma semana, tanto faz.

É assim... Imagine que você saiu para jantar em um restaurante chique com um monte de colegas, e então, de repente, as luzes vão diminuindo no local, uma tela plana de TV na parede atrás de você é ligada, e seu pior pesadelo de infância – aquele dia em que um osso de galinha ficou preso em seu aparelho dos dentes e Susan Herbenicks teve que levantar-se na frente de todo o sexto ano para lhe aplicar a técnica de Heimlich para lhe desengasgar – é transmitido para o restaurante inteiro.

– Com licencinha – você diria à mesa, tirando o guardanapo de linho do colo, levantando-se e desligando a TV.

É assim que gosto de pensar sobre minhas velhas fitas ("Você é fraca, patética, preguiçosa e feia"):

– Oops, isso tudo está na TV! Dá um tempo, minha gente, deixe eu desligar esse pedaço de tecnologia.

Se meus olhos são suficientemente treinados para identificar esse tipo de situação, percebo como é ridículo passar a mesma fita tantos anos depois, para tanta gente que não sabe nada a meu respeito. Que bom, posso trocar as fitas *na hora* por fitas melhores.

Da Barbra Streisand, talvez?

69

Pratique a gratidão

GRATIDÃO NÃO É uma coisa fácil para esta depressiva aqui. Enquanto minha amiga enxerga uma garrafa semicheia de leite fresco, eu vejo uma garrafa semivazia de agentes que contribuem para o aumento do colesterol e das doenças cardíacas. E quando o ônibus escolar para porque alguma estrada aparentemente ficou cheia de neve, ela agradece a Deus pela oportunidade de fazer um boneco de neve com as crianças.

Eu? Também converso com Deus, mas é muito diferente.

No entanto, tento me exercitar para dizer obrigada mais vezes do que é normal para mim, porque sei que a gratidão é como o brócolis – bom para a saúde de várias maneiras. Segundo alguns psicólogos como Sonja Lyubomirky, da University of California-Riverside, manter um diário de gratidão – onde você escreve uma vez por semana todas as coisas pelas quais você se sentiu grato – e fazer outros exercícios de gratidão pode aumentar sua energia e aliviar a dor e o cansaço.

Então, pego meu diário e começo a contar os vencedores: vivo em um país onde sou paga para me queixar; casei com o homem mais compreensivo e carinhoso do Hemisfério Ocidental; tenho dois filhos criativos e fisicamente perfeitos; e tenho uma geladeira que está sempre cheia de chocolate amargo.

Sim, definitivamente sinto-me bem melhor.

70

Diga Om

NÃO ESTOU FALANDO de ioga, embora as pesquisas apontem que a prática regular da ioga aumenta os níveis do neurotransmissor ácido gama-aminobutírico (GABA) nas pessoas, fazendo com que, desse modo, elas sorriam mais e economizem menos.

Refiro-me aos ácidos graxos ômega-3.

Pessoas inteligentes da Harvard Medical School já confirmaram que o ômega-3 faz com que você tolere pessoas medíocres, contenha-se da raiva na estrada, e informe educadamente os agentes de telemarketing que não há uma pessoa responsável em sua casa. Então, coma salmão, atum, sardinha, nozes, óleo de canola ou semente de linhaça. Melhor ainda, mantenha cápsulas em sua casa, como eu faço. Mas tenha certeza de que elas sigam a fórmula médica 7:1 EPA (ácido icosapentaenoico) proporcional ao DHA (ácido docohexaenoico), ou então você estará gastando dinheiro à toa.

Tudo para não praguejar tanto.

71

Preveja as exceções

UM CONSELHO DE MINHA professora de francês do ensino médio: Preveja as exceções!

Ela explicava regras gramaticais para os artigos em francês *le* e *la*: que tipo de nomes cada artigo precedia:

— *Na maioria das vezes, la precede estas coisas* — ela disse. — Com exceção de...

Assim que meu cérebro aprendia uma regra, lá estava eu com uma lista de exceções.

Então resolvi levantar a mão e perguntar.

— OK, Sra. Smith, sei onde quer chegar, mas existe alguma regra na gramática francesa que não tenha uma centena de exceções? Existe alguma regra que seja absoluta?

Ela parou por alguns instantes.

— Não — respondeu com um meio sorriso. — Na vida, nada é absoluto.

Sempre me lembrarei disso.

Especialmente quando estabeleço regras para meus filhos:

— Nenhum doce antes das seis, nenhum mesmo. Exceto quando papai estiver fora e eu precisar subornar vocês com chocolates e biscoitos.

72

Deixe espaço para casualidades

UM DOS MELHORES CONSELHOS que minha mãe me deu foi o de sempre deixar espaço em minha agenda para casualidades. Aderi às regras dela quando estava na faculdade.

Toda vez que pensava em entupir meu semestre com 18 créditos, fazendo uma aula extra de arte do Renascimento porque talvez eu viesse a conhecer um sujeito sofisticado que aproveitava seus fins de semana para fazer mais do que se encher de cerveja barata, lembrava de seus conselhos e desistia da aula. Jamais ultrapassei 15 créditos, só para dar espaço para o inesperado, que sempre acontece.

Quando eu estava no segundo ano da faculdade, meu pai pegou uma pneumonia que veio a matá-lo, de forma que precisei de tempo extra para ir e voltar de South Bend, Indiana, até Dayton, Ohio. No ano seguinte, mergulhei em uma depressão suicida e investi horas em terapia, cursos, literatura de autoajuda e pesquisas médicas, porque queria entender melhor meu distúrbio de humor.

Hoje, volta e meia esqueço a sabedoria de minha mãe, e sofro as consequências. Quando meu voo atrasa meia hora, entro em pânico porque realmente precisava daqueles trinta minutos extras. Já os havia incorporado em minha escala frenética. Mas quando sigo os conselhos de minha mãe – quando escrevo duas semanas bem aproveitadas de posts para o blog e guardo-os em um arquivo para os dias em que não posso escrever –, meu cérebro agradece por ter colocado esse colchão tão necessário em seu devido lugar.

73

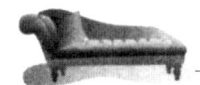

Mantenha um "diário do sucesso"

NA ÉPOCA EM QUE SAIR DA cama era a coisa mais difícil de se fazer a cada dia, minha terapeuta me ensinou a anotar *todas* as minhas realizações diárias. Então eu escrevia coisas como: "passeei com o cachorro durante 15 minutos", "comi metade de um pãozinho", "tomei banho", "tomei conta das crianças por uma hora", "preenchi um pedido médico para Satã, digo, para nossa empresa de plano de saúde". Esses cinco itens eram parte da construção de um programa de recuperação que passava a incluir muito mais realizações à medida que eu me estabilizava.

Era um exercício importante que comunicava a meu cérebro que esta máquina corpo-mente-alma estava caminhando na direção da saúde, e *não* do desespero, da impotência, da incapacidade, ou da morte.

Continuo a registrar meus sucessos até hoje.

Na verdade, mantenho um "caderninho de limites", no qual anoto algumas vitórias específicas de meu dia relacionadas à elaboração de melhores limites.

Por exemplo, quando uma amiga pergunta se posso tomar conta de seus quatro filhos para ela poder ir à massagem, ao cabeleireiro e depois jantar com o marido, não respondo mais "Claro! E diga uma coisa, você também quer que eu limpe seu banheiro e passeie com o cachorro?"

Esses dias acabaram. Simplesmente não respondo, ou digo que já tenho outro compromisso (COM EQUILÍBRIO, MUITO OBRIGADA).

74

Tenha seus ZZZs

DORMIR É FUNDAMENTAL para a saúde mental.
CRUCIAL!!!!!!!!!!!

Porque os distúrbios do sono podem contribuir, agravar e mesmo *causar* desordens de humor e um montão de outras doenças. Sim. A ligação entre a privação do sono e a psicose foi documentada em um estudo de 2007 da Harvard Medical School e da University of California-Berkeley. Com o uso de ressonância magnética, pesquisadores descobriram que a privação do sono causa certa irracionalidade nas pessoas porque o cérebro não consegue colocar um acontecimento emocional na perspectiva correta (ele tem TPM) e fica incapacitado de elaborar uma resposta apropriada.

Veja, se você não dorme, seu cérebro não tem oportunidade de fazer todas as coisas que precisa fazer sem a constante interrupção de seus pensamentos. O cérebro trabalha no turno da noite. E quando não consegue fazer todo o trabalho que precisa... Bem, ele fica um pouco irritável, da mesma forma que você fica quando não consegue terminar um trabalho. E ele descarrega em cima de você.

Além disso, seu ritmo circadiano – o relógio biológico interno do qual já falamos anteriormente – é como um hóspede de alto custo de manutenção... Se você não der o que ele precisa, pagará o preço.

Privação crônica do sono, especificamente, não é boa coisa.

Primeiro, ela faz com que seu cônjuge se sinta mal, porque pessoas cansadas tendem a desabar emocionalmente com mais facilidade e cortar cabeças inocentes. Pode afetar sua memória ("Desculpe, querida prima, qual é mesmo seu nome?") e a concentração ("Esqueci o que estava dizendo... Ah, claro, minha concentração... Foi mal").

De acordo com um estudo recente, a privação do sono pode causar um declínio do desempenho cognitivo similar ao encontrado em cérebros intoxicados. Isso mesmo! Alcoólatras raciocinam e julgam melhor do que alguém que fica muito tempo sem ter alguns ZZZs.

E, finalmente, distúrbios do sono engordam.

Sim.

Você come mais quando está cansado e estressado. Perceba as pessoas a seu redor beliscando batatas fritas. Parece que dormiram bem?

Entenda o que eu digo.

75

Arranje algum tempo livre

EXISTE UM OUTRO tipo de descanso que é quase tão importante para sua saúde mental quanto o sono: o tempo livre.

O que é isso? Não tenho a menor ideia, mas minhas amigas normais dizem que é ótimo.

O tempo livre fica no quadrante II do esquema de gestão de Stephen Covey: é *Importante,* mas não *urgente*. Então, dizemos "Não ligo para isso". Mas realmente não devíamos "não ligar para isso", porque o tempo livre é o colchão que nos protege contra o estresse. Se seu corpo está sem um colchão há muito tempo, ele tende a desmoronar. Como o personagem Humpty Dumpty, em *Alice através do espelho,* de Lewis Carroll. E detesto dar a má notícia, mas às vezes os médicos não conseguem reerguê-lo.

76

Detecte as distrações

ACREDITO QUE TODOS nós temos um pouco de TDAH (Transtorno do Déficit de Atenção e Hiperatividade). Isso não significa que tenhamos que tomar ritalina no suco de laranja pela manhã. Mas é muito difícil permanecer focado: em nosso projeto de trabalho, em nossa dieta da moda, ou em nossas resoluções de Ano-Novo de parar de praticar vudu contra as empresas de plano de saúde.

Como escritora *freelancer*, tenho que administrar meu próprio tempo, o que é mais ou menos como mandar minha filha doida por sobremesas a uma loja de doces com instruções para buscar um cartão de aniversário para tia Sue. Carrego meu laptop para as cafeterias, o que, na maioria das vezes, facilita o esforço que tenho que fazer para concentrar-me. O que significa que quando vejo uma mulher com uma borboleta pintada na bochecha saltar do carro carregada com todo tipo de tinta, bolas de encher e livros infantis, já sei que é hora de dar o fora dali e encontrar uma área segura para trabalhar, como a biblioteca.

Isso também serve para outras distrações em minha vida.

Não considero mais as teorias de todo o mundo sobre doenças mentais, especialmente as daqueles que acreditam que toda doença é proveniente de maus pensamentos. Não compareço mais a festas familiares patrocinadas por fabricantes de cervejas.

E ultimamente tenho evitado os blogs de conferências e associações profissionais que ativarão uma parte de meu cérebro que quero deixar adormecida.

77
Aja como se

ACREDITO QUE A MAIORIA das pessoas que têm distúrbios de humor esteja merecendo, pelo menos, um prêmio da Academia de Cinema na vida: por todas aquelas performances nas quais elas fingem ter uma bioquímica normal e não estar à beira de um ataque de pânico, colapso nervoso ou crise de choro.

Eu? Atuo durante boa parte do tempo em que estou acordada. Porque quando aquela mãe comum se dirige a mim no ônibus escolar e diz: "Olá, tudo bem?", não acho apropriado responder algo como "Está difícil hoje. O time PIN (pensamento invasivo negativo) está trucidando o time PP (pensamento positivo) por 15 a 2, e estamos apenas no primeiro tempo".

Às vezes fico petulante – e acho que posso conseguir uma performance digna de um Oscar a qualquer momento –, mas então encontro com uma pessoa extremamente compassiva que olha dentro de meus olhos no momento em que me pergunta, com a maior sinceridade, "Como você está?". E caio em lágrimas seguidas de alguns bons soluços.

Por isso ainda preciso praticar muita coisa.

78

Belisque chocolate amargo

NOTE QUE NÃO escrevi "devore" ou "inale", que é, infelizmente, como eu como chocolate amargo. Mas, sim, é verdade, se alguém consegue se controlar na frente de uma caixa de chocolates importados – e se algum parente ou amigo mesquinho não deu uma mordida em cada pedaço –, então você pode apreciar seus benefícios antidepressivos simplesmente enchendo a cara.

Como assim?

A resposta técnica é que o chocolate amargo contém resveratrol, um antioxidante que aumenta os níveis de endorfina (opiáceo natural) e de serotonina, que, juntas, agem como o Prozac – mas sem os efeitos colaterais, como a boca seca! É isso mesmo, uma pitada por dia mantém o psiquiatra longe. Ou, bem, talvez algumas semanas afastado.

Vá em frente, digo... Satisfaça-se!

79
Estimule seu médium interior

VOCÊ ACHA QUE É médium, não?

Igualzinho àquele cavalheiro que leu minha mão em alguma festa de casamento e vaticinou: "Você terá muitos amantes, mas viverá uma vida longa e solitária."

Obrigada, amigo. Faça bom proveito.

Ou àquele parente que colocou a mão na minha barriga de três semanas de gravidez de meu primeiro filho e disse: "Menina. Claro, com toda a certeza."

Eric e eu batizamos *a menina* de David.

Acho que algumas pessoas realmente têm esse sexto sentido. Elas veem pessoas mortas. Ou coisa parecida. Gostaria de pensar que sou intuitiva. Mas quase sempre uso esse dom de forma incorreta e vejo coisas em minha bola de cristal que simplesmente não estão lá. Por exemplo, que Fulano me odeia, e deveria mesmo me odiar, porque como alguém pode gostar de mim?

Minha bola de cristal sempre diz: "O mundo lhe odeia por causa de X, Y, Z." Então lhe respondo: "Você, por exemplo, não consegue se agachar, sua esfera estúpida... Vá procurar o espírito daquele pseudomédium que leu minha mão no casamento. Diga-lhe que ele viverá uma vida longa e solitária."

80

Não ouse fazer comparações

A ÚLTIMA COISA que alguém deve fazer quando está estressado – e que eu sempre faço quando estou estressada – é olhar para o carrinho de compras dos outros, ver que ele está lotado de itens mais do que desejáveis (bolinhos de emprego, apoio familiar, mente equilibrada) e ter a maior vontade de roubar alguns deles. Cultivo uma inveja especial dos amigos não adictos que podem relaxar com uma taça de vinho no jantar ou das amigas que têm mães que moram perto e estão à disposição para ficar com os filhos delas o dia inteiro.

Mas eu não possuo a informação completa.

A mãe-babysitter disponível possivelmente também opina sobre todos os móveis da casa da filha, e tem uma chave só sua para poder aparecer por lá quando quiser – como na hora em que, Deus permita, ela esteja tentando transar com o marido ou alguém que tenha arranjado para isso. A garota que aprecia seu vinho pode ter intolerância à lactose, e ser incapaz de consumir grandes quantidades de sorvete, coitada.

Se definitivamente você precisar fazer comparações, escolha um sujeito bem pior que você. Ponha em prática o sábio conselho de Helen Keller: "Em vez de comparar nosso terreno com o daqueles que são mais afortunados que nós, devemos compará-lo com o da maioria das pessoas que nos rodeiam. Aí sim, vai parecer que estamos entre os privilegiados."

81
Encontre alguém com problemas maiores

NÃO VOU DAR UMA DE católica aqui... Mostrando que todas os seus tormentos voarão longe como balões de gás coloridos no exato momento em que você vir imagens de crianças famintas no Camboja.

Não. Não. Não.

Sei o que a culpa causa ao corpo humano depois dos quarenta anos.

Estou dizendo apenas que às vezes basta ouvir um pouco ou *muito* dos problemas de outras pessoas para sentirmos algum alívio.

Veja meu amigo Lee.

Toda vez que começo a descida na direção do Buraco Negro da Amargura, convido Lee para tomar um café comigo. Pergunto:
– Então... o que está acontecendo em seu mundo? – É tudo o que realmente preciso dizer para me sentir melhor.

Porque Lee é o Jó da Bíblia dos dias de hoje.

Lembra? Aquele que parece uma música country, porque perdeu a mulher, a casa e o caminhão, tudo em um só dia?

Lee me coloca a par do último vício de seu filho – a criatura de vinte e poucos anos gosta de adotar novos vícios a cada semana para garantir que vencerá o concurso de autodestruição; a última conspiração de sua sogra estilo Cruella de Vil (aquela do filme dos dálmatas) para destruí-lo; e todo progresso de sua filha, deficiente física e mental que jamais terá condições de viver uma vida independente.

Bastam cinco minutos ouvindo Lee para eu começar um outro tipo de conversa.

Com Deus.

"Muito obrigada por nada disso acontecer comigo. Obrigada, meu Deus. Não experimente fazer isso comigo. Você sabe que eu não seria capaz de aguentar, certo, Deus?"

E rapidamente tiro 30 quilos das costas porque fico aliviada ao perceber que não sou Lee.

82

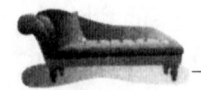

Tenha calma e compre a calça certa

A IRMANDADE DAS calças viajantes é uma história cativante sobre quatro meninas e uma calça jeans. Minha história sobre calças é um pouco diferente, mas encerra uma lição muito importante, apesar de tudo: *Sempre arranje tempo para fazer a coisa certa.*

Tempos atrás fui forçada a comprar uma calça nova por causa de uma amiga que não conseguia mais conviver com a mancha de tinta preta no bolso direito de meu jeans surrado. Ela me levou ao shopping, me arrastou para a loja Gap e mandou que eu escolhesse uma calça nova.

Agarrei a primeira calça que vi, comprei e declarei nossa missão encerrada. Exceto pelo fato de que, quando experimentei a calça em casa, me dei conta de que era de cintura baixa, o que significa que três quartos do meu bumbum ficavam à mostra quando me abaixava para limpar alguma coisa no chão.

– Você estava com pressa quando comprou as calças, não? – perguntou Eric, da mesma forma que Mike, meu conselheiro editorial, perguntou dez anos atrás quando dei a ele os quatro livros infantis que eu publiquei – produzindo quatro manuscritos em sete horas.

– Você não dedicou tempo a eles, está na cara – ele me disse.

Prometi a mim mesma que jamais cometeria aquele erro de novo. Bom, ainda me apresso sob a pressão de alguns prazos.

Mas pelo menos agora uso um dicionário de sinônimos para que minhas frases possam ter mais do que quatro palavras.

No entanto, quando me deparo com a necessidade de tomar alguma decisão importante na vida – fora usar as palavras certas – não tenho um dicionário para me salvar, e às vezes a consequência é mais séria do que a simples visão de um traseiro. Penso sempre que gostaria de ter dedicado aqueles 15 minutos extras para experimentar o jeans. E assim poder limpar o chão sem me preocupar com o tarado que está atrás de mim.

83

Traga o engenheiro

SUSPEITO QUE haja uma forte correlação entre bom-senso e habilidades mecânicas.

Sujeitos do tipo engenheiro, como meu marido arquiteto, nasceram com abundância de lógica. Quando o gelo não cai do compartimento do freezer como deveria cair, eles logo abrem o compartimento para verificar o que emperrou.

Eu? Fico pressionando o botão para cair o gelo mais 25 vezes – convencida de que, se ficar tentando (com pensamento positivo), uma hora vai funcionar. Quando finalmente decido verificar o que está acontecendo e abro o compartimento do freezer, centenas de cubos de gelo caem no chão.

Acontece a mesma coisa com nossos problemas pessoais.

Tenho tendência a dar a uma técnica umas 505 chances para funcionar, até que eu fique exausta e completamente frustrada. O engenheiro? Depois de duas tentativas frustradas, ele emprega sua energia para calcular um método melhor.

Esse deve ser seu objetivo. Parar de usar o compartimento de gelo emperrado depois de duas tentativas e dar uma olhada no freezer para ver o que está impedindo os cubos de caírem pela canaleta como deveriam cair. Ou, se preferir, aprender a apreciar seus refrigerantes na temperatura ambiente até que seu marido engenheiro volte para casa.

84

Saiba o momento certo

FOI UMA DAQUELAS raras manhãs em que a família inteira resolveu ir à igreja.

Estávamos no meio da missa quando seis crianças vestidas de branco subiram ao altar para serem batizadas. O padre estava jogando água na cabeça de uma menininha linda de seis anos. A igreja totalmente em silêncio. De repente, a boneca Barbie de Katherine começou a cantar: "Aqui nesta ilha, o mar diz alô! Os golfinhos mergulham por toda a parte!"

Não consegui contar o número de fileiras que olharam para trás com desdém em nossa direção, mas tenho certeza de que era um número de dois dígitos. Lembrei-me da missa daquela sexta-feira após o 11 de setembro quando, no minuto de silêncio, David, com dois meses de idade, soltou um sonoro pum.

Ah, sim, a importância do momento.

Aprendi, nos grupos de apoio, a sabedoria do PARE: não diga nada que seja minimamente importante quando estiver *com fome, raiva, se sentindo só ou cansado*, o que quase sempre cobre todas as horas de meu dia. Então, dei uma modificada para: deixe a matraca fechada dentro do carro (estou sempre nervosa), depois de oito ou mais horas com as crianças (especialmente quando o tempo está ruim), e durante as férias, quando você enche a cara de doces e café. Mas, espere um pouco, se você está se sentindo equilibrado e completo, sereno e bem descansado, fale o que quiser... Desde que não seja na hora em que todo mundo estiver quieto rezando ou durante algum batizado.

85

Não se deixe motivar pelo medo

RECENTEMENTE, UMA GRANDE AMIGA minha pensou em se candidatar a um posto executivo na empresa de marketing onde trabalhava, um passo acima na ladeira administrativa de seu trabalho. A posição oferecia um salário melhor, mas exigia ficar trabalhando até tarde da noite algumas vezes e nos finais de semana, além de envolver um pouco mais do tédio administrativo, o que a aborrecia demais.

Ela protelava a inscrição e, toda vez que conversava comigo sobre o trabalho, não demonstrava o menor entusiasmo.

– Se o trabalho exige mais tempo e um monte de atividades monótonas que você detesta, então por que você está se candidatando a ele? – perguntei finalmente.

– Porque quatro pessoas de meu departamento já se inscreveram e se alguma delas conseguir o posto, sei que ficarei furiosa por não ter tentado.

– Não é um bom motivo – disse. – O medo jamais deveria ser um fator de motivação em uma decisão.

Claro que é muito mais fácil detectar o medo na vida de outra pessoa. Sou sempre desatenta a meu próprio pânico. Mas acredito que estou conseguindo avaliar melhor minha motivação para certos comportamentos e decisões. Se tenho o ímpeto de me mover em determinada direção livre de tensões aonde o outro caminho pode me levar, elaboro essa intenção por mais algum tempo de forma a poder dirimir a preocupação e a ansiedade antes de tomar minha decisão.

E ela nem sempre é a correta.

Mas espero que quanto mais eu consiga reconhecer o medo como motivador, mais decisões corretas por fim possa tomar.

86

Livre-se da culpa ruim

COMO CATÓLICA, tenho muita dificuldade para distinguir a culpa boa da culpa ruim.

Culpa é culpa, e todas purificam a alma, certo?

No mundo do faz de conta de fadas e duendes, em que espíritos são totalmente bons ou totalmente maus, sim. No planeta Terra, em que muita culpa pode fazer com que uma pessoa não consiga viver uma vida produtiva, bem... NÃO!

Então, mostro aqui a maneira que minha terapeuta me ensinou para fazer a distinção entre culpa produtiva e improdutiva – que acredito ter sido assimilada de um programa televisivo religioso: chamo de "convicções" aqueles desejos ou pensamentos que vêm de algum lugar de meu coração que simplesmente deseja amar mais e me tornar uma pessoa melhor, e chamo de "condenações" aqueles julgamentos generalizados que servem a propósitos que só conseguem com que eu me sinta uma pessoa pior.

Vejamos a culpa que sinto em relação à quantidade de programas de TV que meus filhos assistem.

A convicção: *Vamos tentar limitar o horário da TV a não mais que duas horas por dia.*

A condenação: *Dê seus filhos em adoção agora porque Paris Hilton daria uma mãe melhor do que você.*

Perceba, a convicção oferece algumas sugestões detalhadas para ajudar a fazer melhor, enquanto a condenação é uma declaração que pode ser gritada de um trailer seguida do som de uma garrafa de licor atirada numa lata de lixo.

Percebe a diferença?

87

Fique calmo

SILÊNCIO.

Fique quieto.

Pelo menos por três segundos.

Porque o barulho e a distração constante, especialmente para "uma pessoa altamente sensível" – um ser humano que alcança a superestimulação do sistema nervoso só de assistir a dez minutos de *Dora, a aventureira* – podem decompor os lugares mais doces da alma se não tivermos cuidado. Ficar de frente para um monitor de computador, com uma combinação de Hannah Montana e Mario Kart Wii na tela, pode causar danos a seu raciocínio... E fazer você pensar que comprar mais jogos Wii e porcarias de cantores populares pré-adolescentes seja uma boa ideia.

Além do mais, horas de silêncio nos dão em troca o que é verdadeiro, bom e bonito... Sem Frontal! O monge trapista Thomas Merton escreveu:

> Em silêncio encaramos e admitimos a brecha que existe entre as profundezas de nosso ser (que ignoramos constantemente) e a superfície (infiel à nossa própria realidade). Reconhecemos a necessidade de estarmos sozinhos em nossa morada de forma a podermos sair para encontrar outras pessoas, não apenas com uma máscara de afabilidade, mas com um compromisso real e amor autêntico.

88

Puxe a linha

TODOS NÓS CONHECEMOS a rapidez com que nossos pensamentos podem tomar vida própria. Um contratempo em um projeto se torna uma barreira impossível, um gesto bem-intencionado de um amigo se transforma em uma cruel punhalada pelas costas, e uma mínima crítica de um colega vira uma dissertação ameaçadora sobre suas inadequações – você sabe, tudo o que é ruim sobre você e as razões pelas quais não deveria ter saído da cama pela manhã.

De fato, enterrados dentro de qualquer reflexão geralmente encontram-se grãos de verdade. Mas outras partes estão longe, na ilha da fantasia – com mais ou menos exatidão quanto a que existe na história maliciosa de um célebre tabloide: "Céline Dion encontra ET para tomar drinques." Essa é a razão pela qual você precisa de alguns bons amigos que possam lhe ajudar a separar a realidade da ficção.

Quando ligo para meu amigo Mike para falar sobre meus últimos pensamentos doidos, ele costuma dizer algo como:

– UHUUU. Puxe a linha. Rebobine essa criança... Sai dessa.

E então, rimos de minha imaginação absurda.

89

Volte a seus sentidos

A MEDITAÇÃO PODE, APARENTEMENTE, modificar seu cérebro. O neurocientista Richard Davidson, da University of Wisconsin, dirigiu uma pesquisa em que o grupo de pessoas que meditavam mostrou um maior aumento da atividade no lado esquerdo do córtex pré-frontal do cérebro – a região associada à felicidade – do que o grupo que não meditava.

Mas eu sou um tanto idiota quando se fala em meditação e observação... Não consigo me ver transcendendo antes que este país eleja uma mulher para a presidência. Quando fecho os olhos e tento meditar, meus pensamentos começam uma brincadeira de cabra-cega, com a amígdala (o centro do medo) cega, tentando brincar de pegar todos os pensamentos próximos.

Então, normalmente começo com os sentidos.

Começo com o paladar, claro, e corro para uma cafeteria, onde peço a meu atendente favorito para esquentar um bolo de chocolate ou um *cookie* de aveia com passas e me fazer um de seus deliciosos capuccinos. A cada mordida e a cada gole, finjo que sou cega, como minha amígdala, e saboreio cada bocado, tentando me concentrar em nada além da festa do meu estômago.

Depois procuro beber água – a combinação mágica de oxigênio e hidrogênio que me leva de volta aos primórdios da vida – e estudo o movimento da maré alta e baixa, imaginando-me ali, no meio de uma baía na pequena prancha de surf florida de Katherine, indo e vindo com a maré.

Então fecho os olhos e deixo o vento brincar com meus cabelos, toda minha atenção voltada para a brisa até passar para o próximo sentido.

A versão abreviada fica assim:

Passo um: entupa-se de comida.
Passo dois: pense em se entupir enquanto se entope.
Passo três: agradeça pelo alimento com o qual você está se entupindo.
Passo quatro: mire o espaço.
Passo cinco: pareça feliz enquanto mira o espaço.

Experimente, é minha maneira de meditar.
Para mim, uma obsessiva-compulsiva, é melhor do que sentar em posição de lótus em um tapete de ioga.

90

Dê passos de bebê

OUTRAS MANEIRAS DE DIZER isso: divida o trabalho. Comece devagar. Execute uma tarefa de cada vez.

Por exemplo, quando comecei a sair do abismo de minha depressão aguda, ficava esgotada com tudo – com a pia cheia de pratos, com a fralda ameaçadora, com a consulta médica. Tomar decisões era um ato especialmente doloroso: para mim e para o garçom (*Molho ranch? Italiano?... Ranch? Italiano?... O que você escolheria se fosse a sua salada?*). E não tinha a menor ideia do que fazer para retomar minha carreira. Toda vez que pensava sobre isso, começava a tremer de ansiedade.

Minha tia-avó Gigi, que havia passado por um colapso nervoso aos 35 anos, aconselhava-me o tempo todo: "Passinhos pequenos", ela lembrava. Foi quando me inscrevi para ser professora de redação na Academia Naval, trabalhando três horas por semana, apenas para ver se conseguia administrar minhas emoções durante aquelas poucas horas.

Tive sucesso! Exceto na manhã em que caí em prantos porque não estava conseguindo me concentrar o suficiente para ler um texto chato de um aspirante sobre a história do monumento Tripoli.

Então, perguntei ao editor do jornal onde eu havia trabalhado antes da crise se eu poderia retomar minha coluna bissemanal. Foi um passo mais difícil, especialmente durante as semanas em que tinha que sentar diante de uma tela vazia de computador por uma hora ou mais, esperando que as palavras brotassem do nada. Mas fui avançando. Continuei escrevendo, um pequeno artigo aqui e ali, o que acabou me levando ao *Beyond Blue* – um salto; mas um salto que estava preparada para dar por causa dos passinhos menores que havia dado antes.

91
Baseie-se em seus pontos fortes

SEGUNDO O PSICÓLOGO positivo Martin Seligman, o passo mais importante que podemos dar para alcançar a felicidade plena é saber identificar nossos pontos fortes característicos e encontrar meios de usá-los em atividades significativas.

Usei as folhas de exercícios do *Ten Days to Self-Esteem*, de David Burns, para isso. Primeiro explorei meus dons (como o de me preocupar com as pessoas e ter vontade de resolver seus problemas, e depois listei algumas possibilidades de como usá-los, tanto numa profissão (*Beyond Blue!*) quanto como presidente da Bleeding Heart, uma associação sem fins lucrativos que trabalha para resolver os problemas do mundo sem ter que pedir dinheiro a ninguém.

O exercício foi muito útil porque mudou minha concentração, da extensa lista de coisas que não faço bem – tarefas domésticas como limpar a casa, cozinhar, cuidar do jardim ou qualquer atividade envolvendo duas ou mais crianças que adoram gritar – para os meus pontos fortes. E isso me deu esperanças de poder ocupar um lugar útil neste mundo, mesmo que todas as minhas plantas morram e que eu misture manteiga de amendoim e sanduíche de gelatina.

92

Junte-se aos vencedores

SABEMOS QUE A PRESSÃO DE GRUPO, na realidade, jamais passa.

As pesquisas mostram que casais casados que convivem com amigos que têm casamentos felizes têm mais probabilidades de continuar casados; que se alguém se cercar de otimistas ficará mais positivo do que se ficar em contato com grupos de resmungões; e que se seus amigos comem bem, a força de vontade deles irá refletir em você. Na verdade, quando você se deparar com opções de sobremesa como doce de abóbora, torta de framboesa com chocolate, ou creme *brûlée* de baunilha, instintivamente balançará a cabeça de um lado para o outro.

Os seres humanos consciente e inconscientemente imitam os comportamentos daqueles que estão ao seu redor, e é por isso que todas as mulheres que viviam em meu alojamento estudantil no Regina Hall em meu primeiro ano da faculdade tinham o mesmo ciclo menstrual e passavam pela TPM todas ao mesmo tempo... Bem, isso explica alguns dos comportamentos.

Como alcoólatra em recuperação, sei que você tem mais probabilidades de recair se seus companheiros frequentarem clínicas de desintoxicação mais do que supermercados; e, como maníaca-depressiva, aprendi que se manter sã é uma tarefa mais fácil se você evitar aqueles que só falam de tristeza e melancolia, porque uma vez instalada a negatividade, cabe a mim dizer para meu cérebro que não compactue com ela.

E como isso é um trabalho duro, tento juntar-me aos vencedores.

93
Abrace e abrace sempre

UM ABRAÇO É COMO o espinafre: bom para a saúde.

Uma pesquisa da University of North Carolina apontou que o ato de abraçar pode baixar dramaticamente a pressão arterial e elevar os níveis de oxitocina, um hormônio bom (o oposto do cortisol) que ajuda a pessoa a arrefecer, relaxar, amamentar e ter orgasmos, embora não todos ao mesmo tempo. No estudo, as mulheres que recebiam mais abraços dos maridos tinham níveis mais elevados de oxitocina, e pressão arterial sistólica 10mm/Hg mais baixa do que as mulheres com baixos níveis de oxitocina.

Mas não era necessário receber todas essas informações para acreditar nos benefícios do abraço, certo?

Abraços não são negociáveis em nossa casa. Fazem parte de nossa rotina matinal, noturna e da rotina "vocês duas terminem logo de se arrumar". Abraços são tão necessários quanto escovar os dentes, curam como aloe vera e band-aids da Barbie, e são mais cobiçados do que barras de chocolate. E a melhor notícia de todas? São grátis!

94

Saia para se divertir

COSTUMAVA pensar que, por definição, divertimento era traduzido por preguiça, e que eu deveria ser julgada pelo que produzisse, não por como me divertisse.

Eu era um fazer humano, não um ser humano.

Mas então me dei conta – após algumas viagens à ala psiquiátrica – de que não posso produzir nada de valor a não ser que tenha passado um bom tempo na pracinha ou no balanço.

Ter um intervalo é tão importante para nossos corpos e mentes quanto o trabalho de casa ou aprender a dominar uma nova técnica ou o tempo passado no escritório. De fato, estudos recentes mostram que uma pessoa pode se tornar mais resistente ao estresse apenas adicionando quatro ou seis horas por semana de "lazer ativo". Não vale ser assistindo a *Big Brother* ou *Ídolos* na TV. Tem que ser algo em que você tenha que fazer mais do que usar o controle remoto. Como fazer tricô ou sair para pescar. Ou talvez um futebol imaginário, seja lá o que isso for.

Como eu me divirto?

Tomando capuccinos com as amigas, lambendo cones de sorvete de chocolate com menta e granulado, descendo de caiaque em Chesapeake Bay, andando de bicicleta nas montanhas, nadando em piscinas limpas sem band-aids boiando na água, e correndo pelo maravilhoso campus da Academia Naval.

95

Queixe-se (com a turma certa)

NEM TODOS toleram queixas. E devo concordar que, em grandes doses, a coisa fica perigosa... Até tóxica. Mas não há nada mais libertador, fortalecedor e reconfortante do que encontrar um ser humano com quem eu possa ser totalmente franca a respeito de minha dor, uma pessoa que possa me lembrar de que o fato de reconhecer minha dor é o primeiro passo na direção de uma melhora, e de que o fato de meu vizinho estar ardendo com uma febre de 40 graus não significa exatamente que meus 39 graus sejam insignificantes ou que eu não possa me incomodar com eles.

Não consigo entender perfeitamente como é que a conversa pode curar – a explicação científica de por que desabafar faz tão bem –, mas posso atestar que isso acontece, com toda certeza, e confirmar que existe uma conexão entre falar sobre alguma coisa e sentir um alívio substancial.

É como se você fosse uma criancinha assustada debaixo de uma tempestade de raios, e um vizinho, percebendo que você estava trancado fora de casa, o convidasse para entrar e lhe oferecesse uma xícara de chocolate quente. Na verdade, pode ser que a troca humana entre os corações *crie* a tempestade, como afirma Martin Buber: "Quando duas pessoas conversam entre si de uma maneira autêntica e humana, Deus é a eletricidade que surge entre elas."

96
Sacrifique-se

NÃO SOU SANTA nem mártir. Morrer por Jesus não faria de mim uma pessoa feliz. Principalmente se o processo envolvesse dor.

Mas quando estou sofrendo e não consigo pensar em um propósito para minha dor, ajuda muito me lembrar daqueles que estão em situação semelhante, mas suportando uma agonia maior que a minha. Então, se começo a amaldiçoar a vertigem e a náusea que estou sentindo como efeito colateral de meu remédio para a pituitária, faço o sacrifício em nome daqueles que têm tumores malignos e estão se tratando com quimioterapia e radioterapia e lidando com um desconforto muito pior que náusea e vertigem.

Ou se tenho um dia em que não consigo parar de chorar, ofereço minha caixa de lenços de papel a todos os leitores de *Beyond Blue* que são resistentes ao tratamento e vivem muitos dias como esse.

Acho que esse gesto é uma maneira discreta de agregar algum significado à minha dor, e ela deve ter um motivo, afinal... Como reciclar minha enorme pilha de papel de rascunho e de garrafas de água... E poder me conectar melhor àqueles que enfrentam problemas semelhantes.

97
Desate os laços

É QUASE SEMPRE CERTO que grandes expectativas tragam – durante a noite, sem custo extra – um pacote de sofrimento.

Aprendi isso a cada vez que esperava que as pessoas compreendessem a doença mental: é como quando seu instinto de sobrevivência foge junto com o cachorro da família. Quando a família e os amigos me encorajaram a largar as pílulas da felicidade e a me manter longe delas como o resto do mundo, fiquei magoada, ferida e desapontada.

Mas isso foi culpa minha.

Porque eu esperava alguma coisa.

– Pressuponha que ninguém vai entender – minha mãe costumava dizer – e você ficará agradavelmente surpresa no dia em que alguém o fizer.

Ela estava certa.

Ao baixar meus padrões – em relação aos outros e a mim mesma – dou a meu cérebro uma dose melhor de otimismo e sanidade, pelo menos para não declarar guerra à pessoa que simplesmente não consegue me alcançar.

Hoje tento manter minhas expectativas sob controle.

Quando envio um e-mail cheio de emoção, faço um teste: Qual é meu assunto? Qual é minha expectativa? Se não conseguir a resposta que desejo, continuarei feliz por ter enviado isso? Então, visualizo-me desatando os laços de minhas expectativas, cortando as finas abas que ficam dos lados do pequeno envelope, de forma que possa me comunicar praticamente sem qualquer esquema mental de minha parte. (Tem que restar um pouco para manter vivo meu interesse.)

98

Não force o processo

QUANDO ESTOU IMPACIENTE para sair de uma fase dolorosa de minha vida, lembro do processo de metamorfose que acontece quando uma lagarta se transforma em borboleta.

Somente com a luta para sair do pequeno buraco no casulo é que a borboleta cria asas fortes para voar. Enquanto ela se espreme para sair daquele espaço mínimo, os líquidos dentro de seu corpo são empurrados para dentro dos finos capilares das asas, onde se fortalecem. Se alguém tentar ajudar a borboleta a sair, cortando o casulo, a pequena criatura não conseguirá desenvolver as asas. E, se conseguir, elas serão muito fracas para voar.

Gosto de dar um empurrãozinho em minha lagarta quando estou me mudando para o que espero ser um lugar melhor. Tento forçar o processo o quanto posso. Mas acredito que haja alguma sabedoria em se desvencilhar das pinças ou não precisar do empurrãozinho e deixar a natureza fazer o que tem que fazer.

99

Ponha alguma cor

COMO MUITOS DAQUELES que foram criados em lares de alcoólatras, meus pensamentos tendem a ser em preto e branco, pensamentos zebrados. Mas a boa notícia é que posso sempre adicionar um pouco de cor nesse meu ambiente estéril. Simplesmente reconhecendo meu padrão distorcido de pensamento "tudo-ou-nada", consigo adicionar lilás, amarelo e fúcsia a alguma situação preocupante. Isto é, consigo ver a situação com outras opções além de sim ou não.

Minha terapeuta me ajuda a tirar a venda para que eu possa ver, por mim mesma, que meus problemas não são em preto e branco. Realmente, parte da diversão, assim dizem, é aprender a gostar de todas as nuances – os cinco tons de roxo – em um relacionamento, situação ou condição, e tolerar um pouco mais a confusão, como fazem meus filhos.

100

Não seja uma rã cozida

UMA AMIGA MINHA, QUE É TERAPEUTA, Elvira Aletta, me lembrou, recentemente, do ensinamento da rã cozida: coloque uma rã em uma panela com água fervente e ela vai pular para preservar a vida. Coloque a mesma rã em água fria, aumente o fogo gradualmente, e ela fica lá... Acostumando-se à temperatura. Ainda que isso signifique ferver até morrer.

Minha panela?

Os cubos de gelo derreteram quando o mercado imobiliário acidentalmente caiu na privada com o resto da economia, e o mundo não precisou mais de arquitetos como meu marido. Procurei enlouquecidamente por uma porção de empregos, fazendo verdadeiros malabarismos, tão graciosos quanto os do cara do Cirque Du Soleil que foi demitido por ter tropeçado. Blá-blá-blá durante a dúzia de doenças que peguei recentemente e lá estava eu. Sentada na panela, pensando comigo mesma, *Com certeza está calor aqui... Ah, provavelmente é minha imaginação!*

Droga. Está na hora de saltar fora.

101
Aprenda o alfabeto

COMO FILHA ADULTA de um alcoólatra com grandes problemas de codependência, aprendi tardiamente o alfabeto: que a letra E, de eu, vem muito antes da letra V, de você... E que uma pessoa deve tomar conta de si mesma antes de tentar ajudar qualquer outra nesse mundo. É a mesma lógica que comissários de bordo usam quando juram que seu avião não vai cair, mas, se isso acontecer, você deve ser esperto e colocar sua máscara de oxigênio antes de ajudar as crianças.

Faça o contrário, e todos vocês ficarão sem ar.

102

Preserve sua força de vontade

ADMINISTRAR EMOÇÕES é como estar em dieta permanente. Se você começa a comer aipo com homus tahine na hora do almoço todos os dias, sua dieta vai durar aproximadamente seis dias. Pelo menos foi depois desse tempo que me livrei do saco de aipos e cheguei ao sanduíche de bacon com alface e tomate.

Não. Você tem que controlar seu ritmo – entregue-se a um pedacinho de chocolate amargo... ou a meio quilo – de forma a conseguir deixar o impulso de comer para o momento certo.

A ciência confirma essa afirmação: os humanos têm uma quantidade limitada de força de vontade. É como brasa. Então, nem tente parar de fumar quando estiver fazendo dieta vegetariana, ou abster-se de um Pinot Noir se estiver desentulhando sua casa.

Um desvio de caráter de cada vez, por favor.

Seu companheiro vai me agradecer se você me ouvir.

103

Agende a obsessão

QUANDO CHEGO ao ponto em que minhas preocupações estão amontoando todos os outros assuntos sombrios em meu cérebro, e não consigo ter um pensamento independente dessas preocupações, simplesmente pego meu calendário e marco um encontro com a ansiedade. Isto é, marco para as 19 horas das duas noites seguintes (ou tantas quantas forem necessárias) um encontro de 15 minutos com meus medos. Dessa forma, se as preocupações pipocarem às 13 horas e às 13:05 e às 13:10, posso dizer a meu cérebro – assim como os professores de Katherine e David me dizem quando tento adiantar uma reunião de pais e professores para 15 minutos antes da hora marcada:

– Oh, desculpe, mas você terá que esperar até as 19 horas porque até lá tenho outros compromissos.

As preocupações nem sempre escutam, claro. Elas tentam subir pelas janelas de meu cérebro, entrar furtivamente pelas narinas, esconder-se como pólen em meu cabelo. Mas se continuo a treiná-las a não me aborrecerem até as 19 horas, hora em que podem dar um golpe violento, então elas ficam mais propensas a me deixarem em paz durante o dia.

104

Tire as etiquetas

AQUI ESTÁ UM SINAL REVELADOR de uma mulher descomprometida: um armário cheio de vestidos e calças ainda com etiquetas de loja. Ao arrancar a etiqueta, você estará assumindo uma posição na vida, tomando a decisão de usar o vestido em público; você perde a opção de devolver o vestido. E as descomprometidas adoram possibilidades e escolhas.

Tento arrancar tantas etiquetas quanto forem possíveis hoje em dia porque sei, por experiência, que possuindo um belo armário de saias jamais usadas – daqueles convites descartados para encontrar e sociabilizar com amigas mamães, vizinhos e blogueiros – mais rapidamente caio no buraco da depressão. Quando quero muito me isolar e construir uma bela e confortável fortaleza na vida, como aquelas feitas de cadeiras e mantas que David e Katherine constroem em nossa sala, tenho que pegar a tesoura, cortar a etiqueta e comparecer àquele café a que já havia me comprometido a ir. Devo dar uma chance ao vestido e fazer um investimento em minha comunidade.

105

Ame as perguntas

HÁ uma razão por que eu sempre preferi matemática a inglês em minha vida escolar: nada em matemática fica aberto a interpretações.

Não há argumentos sobre a interpretação adequada.

Nem teorias sobre simbolismo ou qualquer porcaria confusa desse tipo.

Em cálculo, álgebra ou aritmética, só há uma resposta: ou você sabe ou você não sabe.

Mas a vida é como a literatura. Em que a resposta – se é que existe uma – depende do que sua professora comeu no jantar na noite anterior ou da hora em que o marido dela chegou do trabalho. E é por isso que devemos fazer amizade com as perguntas, com a ambiguidade e com todos aqueles assuntos sombrios que amontoam nosso córtex pré-frontal – a parte sofisticada do cérebro. Para receber instruções sobre como fazer isso, sempre me volto para essa citação do poeta Rainer Maria Rilke:

> Tenha paciência com tudo o que não está resolvido em seu coração e tente amar esses questionamentos pelo que eles são. Não procure pelas respostas que não poderiam ser dadas a você agora, porque você não seria capaz de vivenciá-las. E o objetivo é viver tudo. Viva as perguntas agora. Talvez, então, em algum dia lá no futuro, você vá gradualmente, sem nem perceber, viver seu caminho até a resposta.

106

Lembre-se da Primeira Grande Verdade

O LEMA DE MINHA AMIGA é "a vida é uma droga". Achava essa frase um tanto triste e depressiva até me dar conta de que ela sorria mais do que todas as minhas outras amigas juntas.

E elas eram as profissionais do pensamento positivo.

"O modo como encaro isso", ela me explicou um dia, "é que se você acordar pensando que a vida é uma porcaria, então tudo que acontecer a partir dali será bom!"

Talvez aquela católica devota tivesse sido uma budista em vidas anteriores.

Porque ela era uma especialista na Primeira Grande Verdade do budismo: "A vida é sofrimento."

Em seu livro *Joyful Wisdom: Embracing Change and Finding Freedom*, os autores Yongey Mingyur Rinpoche e Eric Swanson explicam a Primeira Grande Verdade assim:

> Se entendermos o sofrimento como a condição básica da vida, estaremos mais bem preparados para os diversos desconfortos que provavelmente iremos encontrar pelo caminho. Cultivar esse tipo de entendimento é um pouco como mapear a rota da jornada. Se tivermos um mapa, teremos uma ideia mais clara de nossa localização.

Então, aqui está sua tarefa. Repita para si mesma as seguintes palavras: *a vida é uma droga*.

107
Espere um segundo ou três

A BLOGUEIRA de saúde mental e psicóloga Elisha Goldstein descreve a consciência como uma forma "de aumentar o intervalo entre o estímulo que nos perturba e a maneira como respondemos a ele". Se conseguirmos fazer isso, diz Goldstein, podemos romper com os "padrões habituais da mente" e escolher um caminho diferente, melhor, que baixará nosso estresse e promoverá mais saúde e bem-estar.

É como contar os segundos entre o relâmpago e o trovão.

Então, teoricamente, quando ouço uma mensagem desaforada na secretária eletrônica ou recebo notícias desencorajadoras, começo a contar: *um um-mil, dois dois-mil...* Para ver até onde consigo ir antes de ficar histérica. Quando posso extrair pelo menos cinco segundos entre o evento e minha reação, consigo responder de forma mais apropriada e parecer mais, bom, quimicamente equilibrada.

108

Conhece-te a ti mesmo

LOGO APÓS O NASCIMENTO DE DAVID, tentei me tornar uma construtora de blocos: uma daquelas mães que adoram passar horas e horas construindo blocos com seu filho, com direito a uma escapada ocasional para a cozinha para fazer a papinha de cenouras orgânicas.

Sentava no chão e tentava me focar em nada além de meu bebê Johnson e o catarro verde escorrendo de seu nariz enquanto pensava: *Você tem a maior certeza de que é melhor estar gostando muito disso porque todos dizem que passa rápido e eles fariam de tudo para voltar no tempo.* Mas tenho que confessar: minha cabeça, geralmente, estava em alguma outra coisa. Não conseguia parar de pensar nos tópicos de algum artigo ou em projetos de livros.

Acabei agitada e desgostosa, achando os blocos... Bem, bloqueados. E não conseguia comparecer à pracinha sem um bloquinho de ideias no bolso, para que minha mente não tivesse que desligar totalmente enquanto ficava observando o Bebê Einstein e cantando "O sapo não lava o pé". Geralmente saía dessas idas à pracinha me sentindo mais esmagada do que a cenoura da papinha orgânica.

"Você tem que se conhecer", diria minha terapeuta, "e saber que não é uma pessoa horrível apenas por não ser chegada a bebês."

Uau!

Ela estava certa.

Quanto mais o número do sapato de meus filhos aumenta, mais interessantes eles se tornam para mim, e mais eu me divirto. Meu sorriso não é mais um sorriso forçado como os da época em que eles eram bebês. Suas cabecinhas curiosas me fascinam com todas as conversas inesperadas que costumamos ter, como a de ontem:

– Mãe, por que os meninos dirigem melhor que as meninas?
– Quem lhe disse isso? Foi o papai que lhe disse isso?

Entretanto, ainda tenho esses dias – como aquele em que acompanhei um grupo de 105 crianças de sete anos ao museu de ciências – em que esqueço que não sou uma construtora de blocos e fico me sentindo frágil e sem vida, como aqueles ossos de dinossauro da exposição. Mas aí eu me recordo de meus pontos fortes, que aparentemente não incluem dirigir, e de certa forma as coisas se equilibram.

Desde que não tenha que cantar "O sapo não lava o pé".

109

Recomece

O ÚNICO PENSAMENTO que me encoraja a digitar em uma página em branco é esse: posso sempre recomeçar. E naqueles dias em que quebrei todas as regras mais simples e sugeri estabelecer melhores limites pessoais, adquirir um senso de harmonia em meu mundo neurótico, equilibrar trabalho e casa como uma garçonete veterana recebendo pedidos de uma mesa de depravados... Adivinhe? Amanhã é um novo dia.

Uma tela em branco.

Meus erros do dia anterior não têm importância.

Eles se foram.

Posso recomeçar.

Em outras palavras, mesmo no vale de desapontamentos, frustração e tristeza, há algumas sementes de possibilidades. Sempre há uma chance, uma promessa de crescimento.

110

Peque ao lado da compaixão

VOCÊ QUER QUE SEUS RELACIONAMENTOS durem mais do que cinco anos? Tente esse conselho de meu conselheiro espiritual e pai adotivo, Mike: "É mais importante estar em paz e feliz do que estar certo."

Costumo discutir com um parente como se estivesse em um tribunal: "Eu protesto, senhor! Protesto!"

Mas relacionamentos amorosos não são como um filme. Em geral, são desequilibrados, com uma pessoa sempre fazendo a maior parte do dar e perdoar; recebendo o outro de braços abertos como pai do filho pródigo, que desperdiçou sua fortuna com prostituição.

Você pode perseguir a imparcialidade e a igualdade – gastando um pedaço de sua tarde catando a bondade como feijões – ou pode investir seu tempo em amar uma pessoa da maneira mais plena possível, mesmo se ela não puder retribuir ou amar da mesma forma.

111

Troque "se ao menos" por "da próxima vez"

UM AMIGO MEU QUE É PADRE, Andy Costello, fez uma excelente homilia outro dia sobre seu amigo que era terapeuta há 25 anos. O terapeuta concluiu, depois de tanto tempo conversando com as pessoas sobre os problemas, que as pessoas tristes gostavam de repetir três palavras, "*se ao menos*", mas conseguiam iniciar um caminho na direção da felicidade quando trocavam "*se ao menos*" por outras três palavras: "*da próxima vez*".

Uma de minhas primeiras terapeutas não usava essas seis palavras literalmente, mas sempre me lembrava de que meu passado não tinha que determinar meu futuro, de forma que não era produtivo ficar obcecada por isso.

Como prova de sua teoria, ela mencionou a apresentadora de TV americana Oprah Winfrey, que foi estuprada quando era criança. Tenho certeza de que a rainha do talk-show correu atrás da mesma pesquisa sobre cérebro que eu, que diz que negligência e abuso sexual na infância podem programar permanentemente o cérebro para uma vida inteira de sofrimento, mas isso não a impediu de perseguir seus sonhos e ter uma vida de felicidade.

Talvez a diferença tenha sido que em vez de dizer *se ao menos*, ela continuou a dizer *da próxima vez*. Como para aquele convidado irritante que discutia bem apenas durante os comerciais: "Da próxima vez não teremos você no programa."

112

Confie em seus instintos

OUVI ISSO NA TERAPIA, em grupos de apoio, de minha mãe e de meus amigos mais espertos: nunca, *jamais* delegue sua autoridade a alguém que não seja você mesma. Quando um médico lhe prescrever uma receita de algum remédio que você desconhece, pesquise antes de enfiá-lo em sua boca. Ou quando o empregado da locadora Blockbuster insistir que você pague R$200 para repor a cópia de *Procurando Nemo*, compre uma cópia na lojinha ao lado por R$9,99 e entregue a ele com um sorriso.

Destrate-me uma vez e a vergonha será sua. Destrate-me duas vezes e a vergonha será minha.

113

Considere os fatos

ALGUMA VEZ VOCÊ JÁ criou um enredo interessante em sua cabeça baseado em personagens complicados, cenas intrigantes e situações complexas, esquecendo o pequeno detalhe de que nenhum deles é real ou aconteceu? Às vezes consigo me convencer a acreditar que sou a mãe mais preguiçosa do mundo, a blogueira mais irritante, a filha mais cruel, a esposa mais malvada e a amiga mais irresponsável e individualista.

Nossas percepções nem sempre são exatas.

Graças a Deus.

Especialmente quando estamos no túnel da depressão e nos sentimos como tubo de ensaio em laboratório.

Por exemplo, na depressão é comum chamar seu chefe de CEO dos diabos e pensar no divórcio porque você está certa de que seu marido é o problema, tudo isso para sair do túnel alguns dias, semanas ou meses depois e se dar conta de que seu marido definitivamente tem que ficar e que seu chefe é, na realidade, mais decente do que aqueles chefes dos quais seus amigos costumam se queixar. É por isso que os terapeutas costumam aconselhar seus clientes a não tomarem qualquer grande decisão enquanto estiverem em depressão profunda. A pessoa simplesmente não consegue ver a realidade.

Melhor ficar apenas com os fatos.

Tire a prova empírica de sua frente antes de fazer qualquer declaração perigosa que possa complicar sua vida seriamente.

114

Mantenha a fé

DE ACORDO COM um artigo recente da revista *Time*, um importante grupo de pesquisa dá a entender que a fé faz bem à saúde. As pessoas que não vão à igreja aos domingos correm duas vezes o risco de morrerem nos próximos oito anos se comparadas àquelas que ficam comendo bolinhos na sacristia após a missa.

Esqueça os bolinhos.

Um estudo mostra que idas à igreja podem adicionar dois ou três anos à sua vida. Boas notícias... Se a pessoa não estiver deprimida. Se você *está* deprimida, ajuda pensar na fé do jeito que Helen Keller um dia a definiu: "Um poder dinâmico que quebra as correntes da rotina (...) Um dispositivo de segurança (...) contra o cinismo e o desespero."

Acho que Keller quer dizer que a fé não tem que envolver genuflexão ou cantar "Aleluia" com uma multidão de madrugadores. Poderia também significar sentar-se na cama, colocar um pé no chão, depois o outro, e ficar de pé, acreditando que alguma presença caridosa está observando você e não a deixará cair. Ou, se você cair, aquela mesma presença caridosa vai apanhá-la e ajudá-la a recomeçar.

115
Não confunda intensidade com intimidade

ALGUNS ESTUDOS AFIRMAM que mais da metade das pessoas que sofrem de doenças mentais também lutam com alguma forma de abuso de substâncias. Isso não me surpreende, uma vez que a intoxicação normalmente oferece um alívio maravilhoso, embora temporário, à dor que a pessoa deprimida sente.

Mas essa sensação é enganosa.

No livro *The Addictive Personality*, Craig Nakken escreve: "Intensidade... não é intimidade, embora os viciados repetidamente confundam os dois. O viciado tem uma experiência intensa e acredita que ela é um momento de intimidade." Essas duas linhas ajudaram-me a entender os arriscados ciclos do vício em minha vida – e não apenas em relação ao álcool – em seu contexto correto: a intensa sensação que esses vícios nos fornecem não é um substituto para a intimidade, que levei anos para cultivar e nutrir. A sensação é apenas a de uma anestesia manipuladora, que faz a pessoa acreditar que o objeto de seu vício é tudo o que ela precisa para viver o resto da vida sem sofrimentos.

116

Seja legal com o cara da pizza

UM DE MEUS ensaios favoritos da coleção de comentários da NPR (National Public Radio) chamada *This I Believe* é o de Sarah Adams: "Seja legal com o cara da pizza".

Esse ensaio exprime uma filosofia que eu sigo desde os 16 anos, quando era uma garçonete em Ponderosa: você pode conhecer muito sobre uma pessoa pelo modo com que ela trata o entregador de pizza. Na verdade, pela maneira com que ela fala com todos os garçons e garçonetes. Acho que todo mundo deveria, em certo ponto da vida, servir mesas ou ser um entregador de pizza.

Porque esse é um curso radical de humildade.

E, uma vez que você esteve lá, usando aquele boné vermelho ou aquele uniforme medonho de poliéster amarelo, recebendo gritos de um babaca, fará uma promessa a si mesmo: nunca, *jamais*, tratará qualquer ser humano daquela mesma maneira que o idiota o tratou.

Sarah Adams escreve:

> Amabilidade com o cara que entrega a pizza é uma prática de humildade e perdão. Deixo que ele me corte no trânsito, que ele saia da pista da esquerda e passe para a da direita em segurança, deixo que ele se esqueça de ligar a seta sem fazer qualquer gesto com meus dedos fora da janela ou buzinar, porque haverá um momento em minha vida ator-

mentada em que um carro poderá passar dos limites, dar uma cortada ou me ultrapassar, e eu vou deixar pra lá. Às vezes, quando tenho a certeza de ser a dona da pista, desafiando todo mundo, o cara da pizza dispara em seu Chevette enferrujado. O letreiro luminoso da pizzaria em cima de seu carro, reluzente como um farol, lembra que devo me controlar à medida que deslizo pelo mundo.

Controle-se. Como você está se saindo em termos de compaixão e humildade? Precisa voltar atrás e servir mesas ou dirigir um carro de entrega de pizzas?

117

Acolha seu perdedor interior

JOHN CLOUD, DA REVISTA *Time*, recentemente divulgou uma nova pesquisa que conclui ser simplesmente melhor aceitarmos nossos defeitos do que negá-los ou tentarmos mudá-los com um monte de afirmações idiotas.

Obrigada, Meu Deus.

Porque eu fiz da outra forma... Com as afirmações... E o resultado foi uma pessoa que duvida de si mesma e agora, a ponto de se odiar, também fica se dizendo coisas de mau gosto como se fosse uma autêntica maluca. Com quase 39 anos de idade olhei para o espelho e disse àquela fracota diante de mim: "Você é atraente. Você é inteligente. Você é querida." E o espelho cuspiu de volta alguma coisa parecida como fez com a Branca de Neve e respondeu: "Dane-se."

Atualmente, tenho feito progressos em relação à minha autoestima, que fica abaixo do nível do mar, porém (confesso) é mais por causa da fé que as pessoas depositam em mim: meus bons amigos, que me ligavam todos os dias naqueles 18 meses de depressão suicida e falavam sobre as coisas que apreciavam em mim; meu amado marido, que não me largou naquela época; meu querido conselheiro, que me convenceu, depois de meses e meses convivendo com um complexo de inferioridade, que meu texto não era totalmente horrível. Todos eles tiveram que me ensinar a como me amar.

Um novo estudo publicado no periódico *Psychological Science* mostrou que pessoas com baixa autoestima não se sentiam melhor após uma série de afirmações forçadas. Na verdade, sentiam-se pior do que os membros do grupo de controle que foram poupados das afirmações. O estudo defendeu as novas formas de psicoterapia que incentivam as pessoas a aceitar seus sentimentos negativos em vez de brigar com eles.

Então, se você se sente um idiota, não tente convencer-se de que não é um idiota. Agarre um *bom* amigo e arranque dele a verdade. Se ele disser que você é um idiota, então sente-se com seu idiota interior e tome chá com biscoitos. Abrace-o.

118

Procure seu lugar seguro

EU SEI QUE "encontrar o lugar da felicidade interior" soa meio brega, algo que faria o comediante Jerry Seinfeld se divertir: "Estou quase lá... Não consigo achar uma vaga para o carro... Espere, acabei de colar um adesivo de deficiente físico..."

Há alguma sabedoria legítima aqui. Em *Home Coming*, John Bradshaw explica uma técnica para trocar as cenas traumáticas de sua infância por outras mais felizes da fase adulta. Ele diz que nossas vidas são cheias de velhas âncoras, resultado de experiências neurologicamente marcantes que reprisamos quando a situação se assemelha à da nossa infância. No entanto, com alguma meditação e aquilo que chamamos de *ancoradouro emocional*, "Podemos modificar as memórias dolorosas da infância colocando-as ao lado das reais experiências de força que adquirimos em nossa vida adulta".

O primeiro passo é criar um lugar feliz, onde você possa reexperimentar os momentos de sua vida em que foi aceita, bem-vinda e amada, e substituir as memórias ruins por eles. No meu caso, a maioria desses lugares felizes estão do lado de fora – boa parte deles remete a água porque acredito que a primeira memória do corpo é a do útero cheio de líquido, no qual conhecemos a poderosa combinação de hidrogênio e oxigênio. Mas escolhi um canto de minha casa como meu lugar feliz. Lá, acolho minha criança interior, dou a ela um lanchinho e fortes empurrões para que se liberte de seus medos, de forma a crescer e ser normal.

119

Prenda a ansiedade na expectativa irreal

UM DOS EXERCÍCIOS MAIS IMPORTANTES de meu programa de recuperação é a estratégia que chamo de "Prender a Ansiedade na Expectativa Irreal". Normalmente com a ajuda de minha terapeuta – ou nos exatos dez minutos que tenho antes de ser recebida por ela no consultório –, anoto meus objetivos irracionais como "escrever um bestseller do *New York Times* durante a meia hora que tenho livre à noite", "ser a mãe-representante da turma de 31 crianças da escola de meus filhos e acompanhar todos os seus passeios extraclasse ao mesmo tempo em que sou o ganha-pão da família" e "treinar para o triatlo com um quadril quebrado".

Então, minha terapeuta e eu chegamos a algumas opções realistas, como "escrever um bom blog", "ter vontade de acompanhar dois passeios por ano" e "nadar e correr algumas vezes por semana, mas deixar o triatlo para depois da aposentadoria". Esses objetivos não parecem tão sexys como aqueles que superavam as expectativas, mas eles são amigos saudáveis, e é isso que me importa.

120

Diário

TENTE COLOCAR SUAS emoções no papel. Na edição de agosto de 2003 do *Australian Journal of Psycology*, o psicólogo James W. Pennebaker, da Universidade do Texas, resumiu dúzias de estudos que ligam a escrita expressiva a melhorias na imunidade, desempenho acadêmico, comportamento social e saúde mental. Um estudo de 2003 da British Psychological Society concluiu que escrever sobre nossas emoções pode até apressar a cura de ferimentos físicos.

Se escrever sobre a dor pode curar a ferida em seu joelho, pense o que a escrita pode fazer por seu coração, mente e alma! Escrever sobre minha jornada de ida e volta ao abismo da depressão profunda com certeza contribuiu para melhorar minha saúde mental, e posso garantir que contribuirá para a de outras pessoas também.

121

Comece a contar de trás para frente

ACREDITO QUE ACHAR seu Rain Man (personagem do filme de mesmo nome que contava cartas) interior é uma boa ideia para lutar contra a ansiedade, como eu costumo fazer. Você não precisa contar canudinhos ou palitos de dentes. Mas contar, em geral, serve para acalmar.

Como sei disso?

Porque sempre me sinto mais relaxada depois de dar voltas nadando por uma hora do que depois de correr por uma hora. Por quê? Quando nado, conto minhas voltas, e, já que não posso assobiar e chupar cana ao mesmo tempo, não consigo realmente começar a pensar em outra coisa enquanto estou contando, ou acabo perdendo as contas de quantas voltas já nadei – e isso não é nada legal quando acontece depois de quarenta ou cinquenta voltas.

Michael Breus, PhD, autor de *Beauty Sleep*, recomenda fazer uma contagem regressiva a partir de trezentos como forma de acalmar a mente. É um pouco difícil – como dar voltas nadando e contando ao mesmo tempo – mas você se desliga de todas as preocupações que estariam lhe incomodando se você não estivesse contando. Experimente!

122

Alimente seu cérebro

DESCREVI COMO um sistema límbico se comporta quando funciona à base de pizza, bolinhos e café. Nada bem. Então aqui estão alguns bons alimentos para o cérebro que deverão ser estocados:

- Espinafre! Ele é cheio de vitamina B, que ajuda o cérebro a produzir serotonina – o neurotransmissor que é realmente bom para enviar mensagens ("Sou feliz!") entre os neurônios.

- Nozes! Aparentemente, ratos de laboratório sentem-se ótimos quando recebem uma injeção de ácidos graxos ômega-3. Então, pesquisadores do McLean Hospital acham que nós também! Nozes e linhaça são as melhores fontes não animais de ômega-3.

- Leite! Derivados do leite e produtos vitaminados contêm muita vitamina D, que aumenta a produção de serotonina e está ligada à redução da depressão segundo estudo publicado no *Journal of Internal Medicine*.

- Salmão! De novo, há muito ômega-3 no salmão, o que significa que ratos de laboratório adoram salmão.

- Feijão! Bom para o coração, e, quanto mais você come, mais ferro você ingere, o que ajuda a combater a letargia e o mau humor.

123
Não se esforce tanto

RECENTEMENTE, tentei vencer um campeonato de bambolê, mas fiquei em último lugar.

Porque estava me esforçando demais.

Quando jogava meus quadris para lá e para cá, queria a todo custo manter o bambolê na cintura. Em vez disso, ele ia na direção dos meus sapatos e eu ficava ali, em meio a uma multidão que ria histericamente do meu esforço descomunal.

Trata-se de uma boa metáfora para a vida, o bambolê.

Às vezes, quanto mais tentamos fazer algo acontecer – especialmente um relacionamento ou um trabalho que está de cabeça para baixo –, mais complicado fica. Quanto mais "insistimos" em resolver o problema de uma maneira, mais ele "persiste" em nossa vida. Mas quando paramos de considerar verdadeiros todos os tipos de falso controle, diminuímos o risco de fazer papéis ridículos em público.

124

Neutralize suas emoções

ACHO QUE é minha formação católica quem gosta de categorizar tudo na vida ou como algo que, de tão bom, é digno de ter uma auréola, ou como uma coisa capaz de me mandar para a toca do diabo.

Esse comportamento é bem característico de minhas emoções.

Por exemplo, se a biografia de uma amiga se torna um bestseller na lista do *New York Times* enquanto no relatório de direitos autorais que recebo o número de devoluções de livros continua a ser maior do que o de vendas, o que me faz experimentar uma pontada de inveja, imediatamente me advirto: "Ela é sua *amiga*, Lúcifer. Afaste seus chifrinhos." No entanto, se simplesmente admito aquela emoção – não como boa ou má, produtiva ou improdutiva, feminina ou masculina –, se tento não julgá-la ou categorizá-la, é menos provável que faça uma confusão em minha cabeça.

125

Feche as mãos e relaxe

QUANDO AS PESSOAS ME DIZEM para relaxar, o efeito é o oposto... Especialmente durante uma sessão de acupuntura ou em uma consulta ao ginecologista, enquanto fico olhando para o pôster da praia na parede.

Estou fazendo o possível para esfriar a cabeça, por isso tenho sempre à mão os conselhos da ala psiquiátrica sobre o que fazer para relaxar:

Sente-se ou deite-se. Se estiver sentado, mantenha as solas dos pés no chão e descanse as mãos sobre as pernas.

Feche as mãos; vá relaxando os dedos, um de cada vez.

Aperte os dedos dos pés; relaxe os dedos, um de cada vez.

Relaxe os músculos do seu corpo, começando pelos pés até chegar ao rosto. Mantenha-se relaxado.

Feche os olhos.

Pense na imagem de um lugar tranquilo (para mim, um quarto silencioso *sem crianças* ou um riacho arborizado, desde que não seja picada por um carrapato).

Inspire profundamente pelo nariz.

Segure a respiração por cinco segundos.

Vá expirando devagar, pela boca.

A cada respiração, pense: *estou relaxada.*

Repita a respiração e o pensamento, *estou relaxada* (ou, como costumo dizer, "CORPO, OUÇA-ME, RELAXE AGORA") cinco vezes.

Se estiver sentada, abra os olhos e permaneça tranquila durante cinco minutos. Se estiver deitada, mantenha os olhos fechados e continue deitada (nesse ponto eu geralmente já estou roncando).

126

Planeje

DA MESMA FORMA que você pode cortar suas preocupações pela metade apenas se informando sobre o obstáculo que está à sua frente – tumores, câncer, vício, depressão –, você também pode dimensionar uma parte considerável delas fazendo planos. É a segunda parte da Oração da Serenidade: "Dê-me coragem para mudar o que eu posso."

Na semana em que fiquei sabendo do meu problema de pressão arterial, regurgitação da aorta e crescimento da pituitária, fiquei praticamente paralisada pela ansiedade. Dentro de mim existe uma criança que não enxerga cores. Ela vem à tona nos momentos de crise e, nesse caso, viu duas possibilidades: vida ou morte. E já que não sabia nada sobre aortas e tumores da pituitária, preferiu ficar com a morte.

Mas no momento em que traço um plano – uma vez rabisquei três passos básicos que seguiria nas próximas três semanas –, a ansiedade tira suas garras de meu pescoço e a menina que não enxerga cores sai fora para atormentar uma amiga neurótica. Só precisei disso: três tarefas específicas que me exigiram aquela energia que estava gastando com as preocupações.

Primeira, comprei dois livros sobre tumores da pituitária e sistema endócrino para conseguir entender exatamente o que meu médico estava falando e ter conhecimento suficiente para fazer perguntas. Segunda, pedi meus prontuários ao endocrinologista e ao cardiologista, de forma que pudesse analisá-los e também passá-los para um clínico geral. E a terceira tarefa: marquei uma consulta com um especialista qualificado que pudesse me ajudar a juntar os pontinhos para visualizar o quadro geral de minha saúde e me ajudar com algumas medidas preventivas.

127

Faça o que está à sua frente

UMA VEZ, DURANTE UM ciclo maníaco, elaborei uma lista de caridades que gostaria de começar a praticar, todas em um pequeno intervalo de meses seguidos: recolher alimentos para abrigos locais, levantar milhões em dinheiro para ajudar pessoas que tinham seguro de saúde mental inadequado (minha família e eu). Apresentei minhas ideias a meu padre favorito, ele pegou minha mão e falou:

— Faça o que está diante de você — querendo dizer que eu não poderia salvar o mundo enquanto estivesse à beira de um ataque de nervos.

Até mesmo Madre Teresa pregou essa lógica. Um dia ela disse: "É fácil amar as pessoas que estão longe. Nem sempre é fácil amar aquelas que estão próximas a nós... Traga amor para dentro de sua casa, pois é aí que nosso amor ao próximo deve começar." E Liev Tolstoi escreveu: "Todo mundo pensa em modificar o mundo, mas ninguém pensa em se modificar."

Sem falar que não precisaríamos pensar sobre as formas de fazer o bem. Espero muito, qualquer dia desses, iniciar uma empresa sem fins lucrativos e levantar o dinheiro de que necessito para pagar as contas de meus médicos. Mas, nesse exato momento, tomar conta de mim mesma — conseguindo uma recuperação mais sólida para não me sentir tão frágil — e me dedicar à minha família é a melhor forma de fazer a diferença.

128

Arquive o sentimento

SOU UMA COLECIONADORA. Pelo menos assim fui chamada por meu querido esposo. Mas colecionar torna-se uma coisa útil quando se usa uma técnica cognitivo-comportamental a que chamei de "arquive agora, lide com isso mais tarde".

Parece familiar?

Por exemplo, digamos que eu mande um e-mail para uma amiga no qual explico estar passando por momentos difíceis e gostaria de receber algum apoio extra. Ela não responde. Eu me magoo. Nesse momento, simplesmente abro um arquivo para minha emoção e guardo os dados em minha caixa até obter mais fatos.

Um mês depois, mando outro e-mail ou ligo para a mesma amiga para conversar sobre alguma coisa importante, mas ela me ignora pela segunda vez. Pego o arquivo e escrevo a nova informação juntando-a à emoção inicial. Por fim, quando acredito ter dados suficientes no arquivo para tomar uma decisão sobre como tratar minha ferida, posso tomar uma atitude.

Presumo que você nem sempre necessite de um arquivo.

Você pode ter nascido e crescido sob a estirpe lógica de pessoas que sabem como informar educadamente a seus amigos que eles fizeram algo para *de fato encher o seu saco*.

Mas comigo – e talvez aconteça o mesmo com você – geralmente é preciso muita informação antes de lidar apropriadamente com sentimentos feridos ou confrontar alguém. Preciso de um ano de boas transcrições antes de me sentir digna de abrir a boca. Então, como uma colecionadora, junto minhas forças e simplesmente tomo mais e mais notas até que meu impressionante rastro de papéis esteja me deixando absolutamente maluca... O que, bem, leva algum tempo.

129

Conheça o que lhe irrita

SEUS EX-AMIGOS E parentes irritantes sabem qual é o caminho mais rápido para chatear você. Alguns podem até fazê-la sair correndo enfurecida em direção à porta.

Mas você conhece seus próprios pontos fracos?

Tome dez minutos agora mesmo para identificar as pessoas, os lugares e as coisas em sua vida que têm uma forma estranha de fazer você... bem... explodir.

Depois de 12 anos de terapia e 21 anos participando de grupos de 12 passos, acredito que finalmente localizei os meus: bares irlandeses cheios de gente embriagada, lojas gigantes do Wal-Mart com mais de uma centena de corredores de produtos manufaturados na China; Mc Dia Feliz no Mc Donald's, com aquelas crianças que gritam e correm de um lado para o outro; e conversas com pessoas que acham que as doenças mentais são como sereias – irreais – e que absolutamente todas essas doenças podem ser curadas somente com os pensamentos certos e um pouco de acupuntura.

130

Seja uma ratazana feliz

RACIONALMENTE, SEI que deveria estar aproveitando a viagem da vida em vez de estar correndo para chegar ao destino final. Reconheço a sabedoria que o professor de Harvard, Tal Ben-Shahar, escreveu em seu livro *Happier*: "A felicidade não consiste em chegar ao topo da montanha ou escalar sem rumo ao redor da montanha; a felicidade consiste na experiência de escalar rumo ao topo."

Mas acredito realmente que há pessoas que nasceram mais inquietas e competitivas e bem mais insanas do que outras. Acho que pertenceria a esse segundo tipo de pessoas. Por isso, não vou transformar minha ratazana interior em um doce ratinho budista. Não consigo nem pensar que isso seja possível. Em vez disso, exijo que meu roedor interior tome um banho de espuma ou um Valium, ou ambos, para se sentir uma criatura feliz, relaxada, e não ansiosa e agitada. Dessa forma ele pode captar um pouco mais do que está acontecendo enquanto suas quatro patas correm para onde quiserem.

131
Pratique, pratique, pratique

NÃO SEI POR QUE esperaria que a saúde mental viesse até mim naturalmente.

Em minha vida nada veio assim.

Minha carreira, meu casamento, livrar-me do corpo feio pós-gravidez – tive que dar duro por eles.

Obrigo-me a correr, a comer saladas insossas e a endireitar-me na cadeira enquanto preferia estar devorando um prato de pizza e pedaços de chocolate amargo na cama; seguro minha língua quando estou a ponto de falar alguma coisa indelicada e lavo os pratos embora preferisse estar relaxando e lendo sobre a última fofoca de Angelina e Brad; e vendo meu trabalho para editoras mesmo quando estou convencida de que escrevo muito mal e elas seriam burras de investir em mim.

Em minha humilde opinião, adquirir sanidade exige disciplina, mais do que qualquer outra coisa.

É se apresentar todos os dias para o trabalho, praticar uma técnica cognitivo-comportamental após a outra, brincar de enconde-esconde com seus pensamentos distorcidos até que eles aprendam a se distrair sozinhos, ficar feliz por meia hora todos os dias, malhar mesmo cansada, contar tudo para sua terapeuta mesmo preferindo guardar seus segredos, tentar se tratar, tentar meditar de novo, tentar meditar pela terceira vez, comer duas coisas verdes por dia, dormir oito horas seguidas pelo menos alguns dias por semana, viver como uma freira enclausurada, tomar seus remédios nos dias bons e nos dias ruins, e fingir para a maioria das pessoas a seu redor que você é perfeitamente normal mesmo que todas as vozes barulhentas dentro de sua cabeça gritem o contrário.

132

Tire sua mente da canaleta

GOSTO DE PENSAR em meu cérebro como uma pista de boliche. Exceto pelo fato de minha pista ter cerca de cinco canaletas, em vez de duas. Elas são os circuitos neurais que determinam meu humor, e quanto mais penso em alguma coisa – como, por exemplo, *gostaria de estar morta* –, mais meu cérebro fica inclinado a se agarrar a essa ideia toda vez que fico frustrada ou triste.

Em outras palavras, quanto mais me aprofundo nesse caminho, mais larga e profunda fica a canaleta, ou o circuito. A boa notícia, segundo especialistas como Helen Mayberg, é que mudando a forma como processamos a informação – alterando nossos padrões de pensamento – podemos realmente adotar circuitos diferentes e mudar a matéria sólida de nosso cérebro.

Então, vamos voltar à minha pista de boliche. Quando penso *gostaria de estar morta*, é porque acabei de jogar uma bola na canaleta. Não fiz pontos... A não ser que eu recupere a bola com uma revisão em meu pensamento, como: *Não, ego, você não quer estar morto. Você deseja uma suspensão para sua dor... Então, vamos descobrir como conseguir um martini e parar com isso.*

Então eu penso: *Jamais me sentirei melhor.* De volta à canaleta... Continua rolando, a menos que eu pegue a bola com o pensamento que diz: *Isso também vai passar.*

Uma última bola na canaleta: *Não serei feliz ou me sentirei completa sem a aprovação dele.*

Correção: Agora, isso é totalmente idiota. Se você vai escolher alguém para fazer de Deus, pelo menos escolha alguém com menos defeitos de caráter ou um pouco mais de classe. Humpf.

133

Não desista cinco minutos antes do milagre

NAS SALAS de encontro de grupos de apoio, cada um lembra ao outro de não desistir cinco minutos antes do milagre. Nunca compreendi exatamente o que isso significava até o dia em que estava a caminho do Centro Johns Hopkins de Distúrbio de Humor para uma avaliação psiquiátrica.

Já havia trabalhado com seis psiquiatras, experimentado 21 combinações de remédios e tentado todo tipo de terapia alternativa: ioga, acupuntura, remédios homeopáticos, ervas chinesas, ímãs, técnicas de visualização, meditação, terapia cognitivo-comportamental.

Nada ajudava.

Eu ainda tinha vontade de morrer.

Se havia alguém que gostava de desistir de ter saúde mental, esse alguém era eu.

Quinze minutos antes que Eric e eu entrássemos no carro para ir à consulta, uma amiga me entregou uma cópia da revista *O*, com uma reportagem em destaque: "O vale dos tolos: sobre tomar antidepressivos". A tão persuasiva matéria incluía várias entrevistas com pessoas que afirmavam que os antidepressivos davam um tiro na coragem delas, padronizavam suas emoções, entorpeciam suas funções cognitivas, roubavam suas libidos e esmagavam toda a criatividade. Era, de fato, o artigo perfeito para uma garota louca, perigosamente sem esperanças, ler meia hora antes de se consultar com um time de psiquiatras.

Comecei a tremer de ansiedade enquanto lia o artigo.

Quase pedi a Eric que voltasse para casa.

Quase disse a ele que havia sido uma boba por ter me agarrado a uma lasca de esperança, que tinha planejado mal ao achar que ainda haveria algum tipo de ajuda para mim. Quase expliquei que deveríamos, ambos, encarar a realidade, que possivelmente eu permaneceria muito doente pelo resto de minha vida – incapaz de trabalhar, de dirigir ou cuidar das crianças.

Estive a um passo de desistir.

Literalmente cinco minutos antes de meu milagre começar.

134
Renda-se ao cérebro

"RENDA-SE À CABRA"... Foi o que Sarah, mãe de primeira viagem, teve que dizer a si mesma para conseguir passar pelos primeiros anos da maternidade. É uma história hilária e perspicaz contada no livro *Mommy Mantras*, de Bethany Casarjian e Diane Dillon.

Sarah e seu filho pequeno iam ao zoológico todos os dias, e tudo o que o garotinho queria fazer era dar comida à cabra. Assim, ficavam lá por horas... Apenas encarando a cabra. Sarah começou com o mantra da cabra para ajudá-la a aguentar as horas com a cabra, acolher a obsessão de seu filho e aceitar as partes difíceis e únicas da maternidade.

Depois da história da cabra de Sarah, as autoras de *Mommy Mantras* citaram Eckhart Tolle: "Aceite tudo o que o momento presente contém como se fosse escolha sua. Trabalhe sempre com ele, nunca contra. Faça dele seu amigo e aliado, não seu inimigo. Isso vai transformar sua vida milagrosamente."

Minha cabra é meu cérebro.

Houve muitos dias em que tentei todos os 15 passos de David Burn para distorcer pensamentos deturpados, coloquei em prática todas as ferramentas felizes da psicologia positiva de Martin Seligman, tentei os exercícios espirituais de Santo Inácio e meu cérebro ainda continuava a ser um grande fardo. Então, apenas adotei o mantra "Renda-se ao cérebro!", e dei de ombros quando sucumbi aos padrões bizarros de pensamento, à bagagem emocional, às neuroses. *Vocês me pegaram, amigos. Vocês me pegaram.*

Agarre-se à esperança

SE NÃO FOSSE pela esperança, eu já estaria morta. Nos piores dias de minha depressão profunda – quando confessei a Eric e a alguns amigos íntimos que eu estava com medo de ficar sozinha porque a vontade de morrer era esmagadora –, a esperança me salvou. Algumas vezes era um mero piscar de luzes na escuridão da minha alma... mas o suficiente para me levar ao dia seguinte, para me manter viva por mais algumas horas.

Esperança é acreditar em alguma coisa que você não pode ver, ouvir, ou sentir... Mas que você pode confiar que está a caminho. É sonhar com o dia em que vai acordar e conseguir provar um café fresco com rosquinha coberta de chocolate. Ou desejar passar uma tarde em que visitar os amigos não significaria ganhar um Oscar pela performance... Uma expectativa de que você vai sentir de novo, amar de novo e rir de novo.

Esperança é saber, apesar de todas as provas em contrário, que sua tristeza um dia vai evaporar e em seu lugar você sentirá alegria.

Toda vez que caio no buraco da escuridão e do desespero e sinto minha esperança escorregar pelos dedos, lembro das palavras de Meister Eckhart: "É na escuridão que encontramos a luz, assim, quando estamos na tristeza, é porque essa luz está mais próxima de todos nós."

136
Acredite na redenção

A REDENÇÃO É UMA coisa estranha. Porque identificar os lugares partidos em seu coração e sua vida pode ser um dos exercícios mais assustadores que você venha a fazer, e só assim é que você consegue reconhecer a graça que está enterrada em cada buraco. Se a jornada de ida e volta ao buraco negro do desespero me ensinou alguma coisa, foi isso: tudo se completa a seu tempo... Embora nem sempre da forma que você acha, quer ou espera. Se você conseguir apenas se agarrar à fé, à esperança e ao amor às pessoas e aos lugares a seu redor o suficiente para ver o sol nascer em você mesma, você vai descobrir que absolutamente nada é abandonado, nem mesmo aqueles relacionamentos e memórias e pessoas que você pensou que estavam perdidos para sempre.

Então, você não tem que acertar sempre na primeira tentativa.

137

Ame profundamente

TODA VEZ QUE uma bomba de relacionamento explode em minha vida... Quando uma pessoa querida morre ou uma amizade acaba abruptamente e eu quero me recolher para sempre em algum lugar seguro onde não tenha que confiar ou amar de novo, leio essa citação que adoro, de Henri Nouwen, e saio do esconderijo:

> Não hesite em amar e em amar profundamente. Você deve estar com medo da dor que o amor profundo pode causar. Quando aqueles que você ama profundamente lhe rejeitam, deixam ou morrem, seu coração fica partido. Mas isso não deve impedir você de amar profundamente. A dor que vem com o amor profundo faz seu amor ser ainda mais fecundo. É como um arado que corta o solo para permitir que a semente germine e se transforme em uma planta forte... Sim, à medida que você amar profundamente, o solo de seu coração ficará mais e mais cortado, mas você irá se alegrar quando vir as frutas nascendo em abundância.

138

Dedique-se a uma causa

VOCÊ SABIA que Abraham Lincoln viveu a vida inteira com medo de ficar maluco? Isso não faz você se sentir melhor? Você não se sente feliz por ter comprado este livro só para ficar sabendo disso?

Podemos aprender muito com a maneira com que Lincoln superou seu medo e sua angústia para se tornar um dos líderes mais inspiradores dos Estados Unidos.

Joshua Wolf Shenk, autor de *Lincoln's Melancholy*, apresenta o "projeto para uma vida bem-sucedida com sofrimento". Ele é composto pelos três caminhos de Lincoln: primeiro, ele reconhecia sua dor. *Sim, está lá, definitivamente. Ai*. Depois ele aprendeu como viver com sua dor e se adaptar a ela. Em outras palavras, retiradas de minha ideia anterior, ele aprendeu a dançar na chuva.

E, por fim, ele abraçou uma causa maior do que ele mesmo. Shenk escreveu: "Não que Lincoln tenha conseguido a felicidade com isso, mas ele adquiriu uma sabedoria transcendental, que foi o fruto delicado de uma vida inteira de dor."

Sei por minha própria vida, e pela vida de muitas outras pessoas, que dedicar-se a uma causa, a um objetivo maior, pode transformar uma série de quedas desajeitadas em uma dança graciosa, ou até mesmo em uma obra-prima. Como disse o filósofo francês renascentista Michel de Montaigne: "A grande e gloriosa obra-prima do homem é viver para um objetivo."

139
Escreva uma declaração de objetivo de vida

FICA MAIS FÁCIL abraçar uma causa e canalizar seu sofrimento quando você tem um objetivo de vida ou, ainda melhor, uma declaração de objetivo de vida.

Nos últimos três anos tenho ajudado os aspirantes da Academia Naval a definir os seus, um trabalho escrito para suas aulas de liderança. Nesse processo, achei que necessitava também fazer uma declaração minha.

Então...

Minha missão é instruir as pessoas sobre o que é doença mental e oferecer apoio àqueles que, como eu, lutam contra distúrbios de humor, mas faço tudo isso com senso de humor.

Cheguei a essa frase depois de refletir sobre as palavras de Mahatma Gandhi: "Você deve ser a mudança que quer ver no mundo." A mudança que quero ver? Menos estigma associado à doença mental e mais compaixão por aqueles que vivem com distúrbios de humor.

Concordo com os especialistas em felicidade quando dizem que encontrar sua verdadeira vocação seja, talvez, o incentivo à felicidade mais efetivo que existe, porque você pode dar significado a seu sofrimento... A dor não acontece por acaso. Se não sairmos prematuramente, os parasitas que estão em nossas conchas irão, finalmente, produzir uma pérola preciosa.

140
Ame o pecador, odeie o pecado

ESTOU APENAS usando a linguagem religiosa para descrever uma boa ferramenta psicológica.

Se separarmos o que fazemos daquilo que somos, estaremos mais aptos a nos perdoar e, depois de um erro, continuar de onde paramos. Mas se misturarmos nossos erros com nossas identidades – escondendo-os em nossos casacos como costumo fazer com bebidas e petiscos no cinema porque não quero pagar cinco pratas por uma Pepsi –, então teremos problemas.

Por esse motivo, acho mais fácil me apresentar assim em uma reunião de grupo de apoio: "Oi, sou Therese, e fiz coisas estúpidas quando bebia", do que "sou alcoólatra". Porque há muito mais para mim do que minha inabilidade para recusar uma margarita sem terríveis consequências.

141

Escolha um herói

GUARDO UMA grande lista de heróis da saúde mental, e retorno a eles para ler o que escreveram ou procuro olhar suas imagens nos dias em que meus sintomas me fazem uma visitinha surpresa. Olho para uma nota de cinco dólares e lembro que Abraham Lincoln foi, durante dois anos, um suicida, exatamente como eu, mas ele traduziu sua "melancolia" – como chamavam na época – em uma força que o levou à libertação. Vou escolher a autobiografia de Kay Redfield Jamison, *An Unique Mind*, para me lembrar de que essa famosa psicóloga não ficou imune aos sintomas do distúrbio bipolar. Mas ela é perseverante, continua falando e escrevendo a favor daqueles que têm uma química cerebral ruim, e acreditando que terá sempre, pelo menos, alguns bons dias pela frente.

142

Preocupe-se com o que é correto

VOCÊ JÁ se pegou, alguma vez, obcecada com o que é correto em sua vida?

Não. Nem eu.

Mas acho que isso é possível.

No livro *Treine a mente, mude o cérebro*, Sharon Begley explica a neuroplasticidade do cérebro: como, ao treinar seus pensamentos, você pode realmente alterar a estrutura física do cérebro.

Algumas instruções simples: coloque sua insegurança *do dia – Fulano me odeia –* em um saco plástico fechado e guarde no congelador. Depois, comece a preparar alguns pensamentos novos como *Ele tem toda a razão para gostar de mim, sou agradável, muitas pessoas gostam de mim* e coloque-os em um prato para você consumir e ficar olhando, na esperança de que possam modificar seu cérebro.

Você não acredita em mim, não é?

Aquela troca de *Ele me odeia* por *Ele poderia gostar de mim, droga, não sei,* pode modificar seu cérebro?

Begley escreve: "Algo aparentemente tão etéreo quanto um pensamento pode afetar todo o cérebro, alterando as conexões dos neurônios de forma que seja possível tratar a doença mental ou, talvez, levar a uma maior capacidade de empatia e compaixão. Ele pode até sintonizar-se com o supostamente inalterável ponto de felicidade.

143
Faça um inventário de sua vida

VOCÊ SABIA que é impossível sentir medo quando se tem uma mentalidade de gratidão?

É o que Dan Baker defende em seu livro *What Happy People Know*. Ele escreve: "A neurologia prova que o cérebro não pode estar em uma condição de gratidão e em uma condição de medo ao mesmo tempo. As duas condições podem se alternar, mas são mutuamente excludentes."

Portanto, para não entrarmos em pânico, temos que permanecer gratos.

Como?

Baker apresenta o "Inventário da gratidão", uma forma de meditação em que você reserva de três a cinco minutos, de preferência três vezes ao dia, para pensar sobre alguma coisa de que gosta. Como o seu cachorro (digo isso para o caso de haver um dia em que você não goste de mais ninguém além dele), ou seu filho favorito, ou sua avó que já morreu e deixou para você o piano, ou seu chefe bipolar que toma remédios, ou o garoto da loja de biscoitos que lhe dá biscoitinhos de brinde, ou o cara que faz entregas da FedEx e deixa biscoitinhos de cachorro junto aos pacotes. Você entende.

Você também pode fazer uma lista dos cinco melhores. Por exemplo: as cinco pessoas favoritas, os cinco melhores cafés da cidade, os cinco melhores atendentes das cafeterias, os cinco melhores ingredientes de pizza, as cinco melhores recordações de férias, as cinco coisas que mais aprecio em meu marido, os cinco melhores sabores de sorvete, as cinco melhores razões por que devo parar agora.

144

Não se esqueça de se divertir

VOU TERMINAR ESTE livro com algumas das últimas palavras que meu pai me disse.

Poucos meses antes de ele morrer, quando eu estava na pós-graduação a fim de obter um diploma de teologia e não reconhecia o valor do humor ou da diversão na vida acadêmica, ele me pediu para falar sobre alguma coisa importante. Fiquei preocupada, pensando que ele estivesse chateado com o meu B+ em Cristologia (o estudo de Cristo, não de cristais), mas ele estava impressionado com minhas notas.

– Estou preocupado com você – ele disse.

– Mas você acabou de dizer que minhas notas estão boas – respondi.

– Não, estou preocupado... que você não esteja se divertindo o suficiente – ele disse.

Penso nessas palavras todos os dias.

Porque se eu tivesse que enumerar todas as minhas neuroses, todos os meus distúrbios e bizarros padrões cognitivos, diria que o que mais ameaça minha felicidade é minha inabilidade para relaxar e me divertir um pouco... Minha propensão para levar a sério *todas* as pequenas coisas e suas pequeninas primas, transformando-as, todas, em COISAS GIGANTES em minha cabeça, ficando sem tempo para rir. Essa é a razão por que estou trabalhando duro para fazer flexões com meu músculo do humor e encontrar caminhos para aproveitar a vida de forma que meu pai possa olhar aqui para baixo e ficar, digamos, menos preocupado.

AGRADECIMENTOS

Gigantescos agradecimentos a Michelle Rapkin, sem ela este livro não teria sido impresso e sua autora estaria jantando impaciente na unidade psíquica do John Hopkins. Muitos abraços também a Mike Leach, Priscilla Warner, Claudia Cross, Ann e Dick Omohundro, Beatriz Castillo de Vincent, minha mãe, John Guenin, Holly Lebowitz Rossi, John Grohol, Lisa Biedenbach, Nancy Prugh, Nancy Mascotte, Dawn Staniszewski, Padre Dave Schlaver, Diácono Leroy Moore, Milena Hruby Smith, Gretchen Rubin, Carleen Suttman, Caren Browning, Alana Kornfeld, toda a equipe da Hachette... Os editores e redatores que me ajudaram a encaminhar meu manuscrito para a produção, e para o esperto time de marketing e vendas que colocou meu livro nas mãos dos livreiros... E, claro, ao maior sistema de apoio da minha vida: meu marido, Eric.

ANOTAÇÕES

Este livro foi impresso na Editora JPA Ltda.,
Av. Brasil, 10.600 – Rio de Janeiro – RJ,
para a Editora Rocco Ltda.